中韓に食い物にされるニッポン

在日特権、偽装難民を許すな！

坂東忠信
Bandou Tadanobu

文芸社

はじめに

人って、使命を見失うと、生きる意味が見えなくなって、お金があっても死んでしまうのかもしれません。警察学校で最初に習うのは、教官へのお茶の入れ方と、警視庁警察職員服務規程第二章です。「誇りと使命感を持って、国家と国民に奉仕すること」。誇りは生きる上で必要であり、使命は生きる力を強めます。

警察庁によると、日本の自殺件数は1998年以降3万人を超えています。明確に自殺と認定された3万人のほか、孤独死などの変死者約14万人のうち自殺と見られるものも約半数の7万人にのぼり、これを加えると総数は約10万人。国民の千人に一人が、自らの人生に絶望を感じて命の使い方がわからず、自殺している社会に、私たちは生きているのです。

なぜそんなことになったのか?

この世界はあなた方に、生きるための疑問すら与えないからです。

「国際化社会」は、文化も、楽しみも、犯罪も、戦争も、すべてが国際化した社会です。国際化社会の戦争は、警戒心を引き起こす矢玉の戦でなく、敵にまず「考えさせない」ことから始まります。抵抗無しに、考えない人たちの黙認につけ込み、一部の活動家の暗躍によって敵をつくらないシステムをつくり、お金のかかる矢玉の戦につながる要素を最小限に抑える戦い方です。

人が団結するような、家族や民族、国家という枠組みは争いの元になりますので、まずこれらを無意味で古臭いものであると教えます。さらに反抗するリーダーを生み出さないよう、人間社会の平等意識と、「自然」という名の脱力主義、平和を愛する事なかれ主義で、従順な人々の輪を広げ、大人しい「大人の対応」を推奨します。でも命についても私たちはごまかされています。彼らは「時は金なり」なんて教えていますよ。時はカネどころじゃなくて、命なんです。

学校の先生も「命は地球より重い」とは教えますが、子供たちに「命より重たいものは何ですか」とは絶対に聞かない。

聞かれたことも、考えたことも、ほとんどないでしょ？

そんな疑問に気がついたら、その「何か」のためには死ぬことも怖れない危険な人間になってしまう。人がよけいな向上心を持ったら、人の間に差が生まれて、平等社会じゃなくなっちゃう。「時」と同じ「金」もいらない上に、命より大切なモノを手にしようとする奴なんて、もう女でも酒でもコントロールが利かないじゃないか。

中国ではこれを「限定的な概念を超えた戦争」、略して「超限戦《チャオシエンザン》」といいます。

日本では、目に見える暴力革命を共産党がよく使う「赤」で象徴していたため、目に見えないこの戦い方は「白い革命」などともいいます。彼らは社会に潜伏し、団体としてしかその存在を示しませんが、個人として認識されることを嫌います。今や彼らは社会の各層に浸透してその戦いを展開しています。

しかし彼らの戦い方には、バカ丸出しの共通項があるのです。

光が当たることを嫌い、事実を曲げ、真実を隠し、真理を否定することです。実際に事実を知らず、真実に無関心で、真理なんて考えたこともない人たちは、彼らの「新しい思想」にショックを受けて引っかかりやすい。短期のうちに熱をあげ、症状無自覚のうちに思想感染して、あなたが無気力で無能で無関心で無害な人間であることを望んでいる奴らに取り込まれてしまうのです。

そんな奴らと戦うための本が、今あなたが手にとっている、これなんです。

今まで私が書いていた本とはちょっと毛色が違いますが、本書があなたと日本の存在意義を確かめるきっかけになれば幸いです。

世界が直面する抵抗不可能な「世界市民」思想と文化破壊、これに乗じる中国の覇権主義と悲しみ、朝鮮民族の憎しみを解決する鍵を、本書の中から見つけていただければ、私も刑事をやめて作家になった甲斐があったというもの。では、どうぞお楽しみ……じゃなくお怒りください。

目次

ブックデザイン　吉原敏文（デザイン軒）

第一章　もう洗脳されてるよ

愛の前に、恋をしろ

最近多くの人々が、この国の異常さに気づき始めています。諸外国では当然のこととして受け止められることが、この国では拒絶されるからです。なぜ、国旗や国歌の話をすると右翼っぽいイメージが付くのか？　なぜ国旗が日の丸ではいけないのか？　なぜ国歌が君が代ではいけないのか？

イギリス人が女王陛下万歳をしても何も思わないのに、日本人が天皇陛下万歳をするとなぜ危険な違和感を覚えるのか？　そんな異常さの原因に気がついた人々が、愛国心の大切さを訴え始めました。でも「愛国心」を押し付けられると、軍靴の足音が聞こえるかも（笑）？　私はさすがに日の丸を見て幻聴が起こるほどの重症ではありませんが、「愛国心を持て」なんて無茶な伝え方には反対です。なぜなら、愛国心とは「持て」と言われて持てるものではないからです。

愛は自然に発生する感情であり、人間誰にも本能として備わっている親子の愛情からスタートして、社会に広がる想いです。「愛する」という単語には、命令形がありません。五段活用してみても、特に自発的ではない「愛せ」と「愛そう」はまったく常用の言葉ではなく不自然です。

つまり、愛は100パーセント自発的であり、他人に命令されて生まれるものではないのです。

愛を感じていないのに、「愛せ」と言われても、また「愛そう」と力を入れても愛にはなりません。

では、どうしたら「愛国心」が生まれるのか？　男性なら、気になる女性で考えてみると分かります。これまでまったく目にも留まらなかった対象外の女性でも、意識し始めたら、なんか好きになっちゃった、なんてこともあるでしょう？　それはその女性の魅力に気がついたからです。

日本の魅力を見つけられなければ、日本を愛するどころか恋することもできないのです。

美女や才女に囲まれていても気づかないなんて、ああもったいない、**俺とかわれ。**

見る目を持たなければ、この国に住む限り、ときめきのない社会に囲まれ毎日を過ごす大人になって、海外を妄想するようになります。しかたありません。日本軍は侵略し、殺し尽くし、奪い尽くし、焼き尽くし、アジアを戦争に巻き込んだ戦争国家だったなどと、この国の歴史を否定的に貶めて教える先生や大人たちが、恋すらできない子供たちを育て、その子供たちが今大人になっているのですから。女の子だって、どんなに優しくても、一家殺害や強盗強姦の噂が付きまとう男に恋なんかしないでしょ？

日本を愛せない日本人

そんな教育を受けた子供が大人になっても「犯罪的民族」の一員である自分自身に自信を持てるわ

けがないし、同じ日本人である家族や友達を尊敬し大切にできるわけがないのです。

友達を大切にしましょう、と先生は教えます。すばらしいこの地域を見直そう、と地方議員の先生方が言います。ところが国の話になると、自虐の表明を迫られます。逆に日本をすばらしいと言っちゃったばかりに、政治的切腹をせざるを得なかった政治家はたくさんいます。

個人肯定、地域貢献、ところがなぜか国家否定が入って、また世界平和へと広がる愛など、本物ではありません。地球愛だ人類愛だと言っているのに日本を嫌い、国旗や国歌、天皇陛下といった日本の象徴に敬意を示さず貶める人たちは、こういう口説き方をするのでしょうか？


「君の脚はとてもきれいで、今日の服もセクシーだね。

ただ、君の人格を象徴するその顔は断固反対、絶対粉砕。

でも気にしないで。君の家族は素敵だよ。そんな君を、この街を愛している」

こんな男の「愛」を信じられますか、あなた？


私が女性でしたらアスファルト上で背負投げ&下心に応えて寝技に持ち込みエビ反り固めで白目をむかせてやりますよ。本当はすばらしい環境とすばらしい世界に生を与えてくれたご先祖と父母に感謝できるすばらしい自分自身に気づくはずなのに、学校は環境を賛美しても国家の魅力やそれを見つけるきっかけを教えることがほとんどありません。それがアイデンティティの喪失につながるのです。

「私はすばらしい父と母の子供なんだ」「私にはすばらしいご先祖さまのご加護がある」「私は世界に

喜ばれている日本人の一人なのだ」。

子供たちがそう思うなら、きっと彼らのアイデンティティの基礎が確立されて、自立と自律を学ぼうとし始め、社会に喜ばれる幸せを知る大人になれると私は思います。

自己紹介できない日本人児童

アイデンティティを失うと、人は自信を失い、自分自身の立ち位置を見失うので、人との距離感が分からない人間になります。自分が何者なのか、なぜそこに生まれ、今どこにいるのかを教えてくれる人がいないから、大人になっても社会に出られないのです。ましてや国際化社会になんかとても出られません。

誰かと激しくぶつかり主張することもできないし、それ以前に人と接触ができなかったりもするし、接触しようとして自己紹介しても、自分が何者なのかを知らないから、他人との差別化が図れないので、個性的な自己紹介ができない。子供たちの一部は、青年になると海外留学生活に旅立ちますが、世界は彼らに「世界市民」としてではなく「日本人」として接し、自己紹介を求めます。日本の青少年たちは、自分が日本人であることは知っていますが、日本とは何か、日本人とは何者なのかを知らないので、自己紹介ができないのです。自分の国はどんな国で、どんな良いところがあり、どんなところが外国人のあこがれになるのか全く分かっていないので、**せいぜい自分の名前と好きな食べ物、得意なゲームくらいしか話せない。**

大学留学生でもそんな小学生レベルですから、そりゃ面白くないやつだと言われても当たり前。他国出身留学生のお国自慢（少々誇張されたものを含む）を聞いて、素直に驚き圧倒されて、誇るものがないなんて、なんとかわいそうな話ではありませんか。

では、国際化する社会で活躍するにあたり、また海外に出なくてもこちらに来る外国人と対等に付き合うための、レッスンに入りましょう。

胸を張ろう

若者と老人の大きな違いは何か、お分かりですか？　年を取っているはずなのに若く見える人の共通点は何か、ご存知ですか？　それは、姿勢です。

年を取ると筋肉が衰え重力に負けて、背が丸まりカーブが腰に及んで、腹が押し出され、顎も出るのです。この姿勢は、老化によるものだけが原因ではありません。

肺の病気に関わる原因の多くは気苦労だそうな。悩みや心配事が続くと呼吸が浅くなり、肺の活動が鈍って体が前に丸まり、肺を圧迫することが原因と言われています。

つまり、その人の気持ちが姿勢や健康に表れることが多いのです。

国際化時代において、日本人はますます外国人と接する機会が増えますし、日本に居続けても外国人と接する機会が増えてきます。そんな中で「お前ら日本人は大虐殺と強姦の犯罪国の出身だろ、黙ってろ！」なんて言われ続けて、それを信じ込んでしまえば、そりゃうつむいちゃうし背中も曲がるでしょう。特に国際化社会においては、その自信と活力の元となる国民のアイデンティティが自我を作るのに、そんなことを言われ続ければ、**意識が自信のない姿勢を作ります。**

自然に胸を張れるのは、無意識の自信が備わっていればこそ。そのためには胸を張れる国民の歴史が必要。日本はフィクションを織り交ぜなくても十分に誇れる国民の物語を、作り続けてきたはずです。

胸を張れば呼吸が整い、視線が高くなって視界が開け、頭を支える首筋の負担も軽減するので、肩こりから来る偏頭痛も解消します。私はほとんど解消しましたよ。おまけに脳への血流量が30％ほど増えるという説もあります。**さらに、男性は胸板が増して内臓が引き上げられ、腹が引っ込みます。**

女性の方にも必要です。いい男といい女が増えれば少子化対策になります。

初対面では「知る」より「知らしめる」中国人

中国人の場合、初対面でどういった自己紹介をするのか？　私は中国留学の経験はありませんが、刑事時代はたびたび中国人被疑者と北京語で取り調べをしたりしたし、中国から来たいろいろな団体の事務所にも出入りし、お話を聞いたり情報をもらったりしていました。そこで感じたのは、彼らは日本人と違い、「いかに相手を知るか」より「いかに自分をアピールして知らしめるか」に重点を置いて、接客することです。

まず、握手から入るのは中華風なのか、西洋風の習慣を真似て定着したものかよくわかりませんが、せいぜい頷いて握手するくらいで、日本人のように握手しながら頭を下げたりはしません。応接室には壁いっぱいに中国の要人や有名人らしき人物との写真が額縁入りで展示してあります。名刺交換と一緒に相手から聞き出した簡単な経歴から、自分自身の共通点などを探るのは日本人と同じですが、そこから人脈自慢に持っていこうとするのが中華風。

「そういう仕事もなさっていたのですね。そういえば壁にかかっているあの写真のこの人は、その方面に詳しい方で、●●公司《コンス》の社長さんです」

「中華料理がお好きとのことですが、そういえば市議会議員の●●先生もよくうちに食べに来るのです」

などなど、事あるたびに私が知るはずのない中国の地方政府（自治体）幹部や中華系企業家、日本の政治家などの名前が、壁にかかっている写真とともに説明されますが、要は「私はこれくらい多くの人脈を持っている」ということをアピールするためなので、その人と私の接点があるかどうかはお構いなし。中華社会における人物評価というのは、日本人のように「あの人は真面目だよ～」「あの人は嘘をつかないからね」「あの人は優しい人だからね」などという性格を基準としたものではありません。「あの人は党委員会の●●さんと友達だよ」「あの人は警察の●さんと親しい仲だ」などと、どういう人とつながっているかで評価されます。つまり本人自身の人格や性格より、その人が誰と、どれくらいのパイプを、何本、どんな距離と太さでつないでいるかが人物評価の基準。もっと具体的に言うなら、**「その人はどれくらいの規模の、私のお願いを叶えてくれる人脈を持っているか」**なのです。

日本人のようにお互いの共通点を見つけるのは二の次で、初対面ではそうした人脈を持っていることを知らしめ、自分が「いかに大切にすべき人間か」をアピールするとともに、格の上下を確認し、場合によっては格の違いを見せつけることに注力します。そして人脈が広がると、頼まれごとも多くなります。日本人はこういうのを面倒臭がりますが、中華社会ではそれを請け負って手伝いをしてあげることが大人物としての評判につながり、またビジネスにもつながってくるからです。多少自分の限界を超えた頼まれごとでも格好良く引き受けますが、大丈夫。引き受けた本人はまた誰かに頼みます。友達には迷惑を掛けたくないと考えるのが日本人なら、迷惑を受け止めてくれてこそ友達と考えるのが中国人なのです。「困り事はあの人に頼めば大丈夫」という噂が広がれば、中華社会では一人前といえるでしょう。

こうしたちょっと自己中心的で自慢ばかりに見える中国人との接触も、逆にいえば「私はあなたにこれくらいの友人を使って役立てる人間です」というアピールでもあるのです。つまり、役立ってこそ友達。利用できてお互い様。国際化社会においてはそうした概念を社会常識とする外国人とも対等に渡り合っていかないと、利用されるだけで子分扱いになってしまいます。対等な関係を築くためにも、その第一歩となる握手から踏み外してはいけません。

でも私たちはどんな国と握手しようとしてきたのでしょうか？　概念的なお話をひと休みして、最近漏れ伝えられた歴史の事実について、お話ししましょう。

天安門大虐殺は人類の記憶遺産

中国の「暗黒史」はたくさんあって、ある意味歴史そのものが暗黒史かと思えるような国家の物語を持っています。農業政策としては、米を食べる害鳥であるとして雀を全人民で駆逐《くちく》した結果、害虫被害で2000万人とも言われる餓死者を出した大躍進、伝統文化や社会構造を革新するとして「造反有理」「革命無罪」を叫び2000万人ほどの権力者や知識人を殺した文化大革命などが有名です。犠牲者数もすごいのですが、その殺し方もすごい。

ちょっと気持ち悪いお話ですが、文革中の武宣県だけでも130人前後が殺された上、なんと革命勢力に加担した村民に食べられていたというドキュメント番組「文革廣西武宣縣紅衛兵吃人肉事件」(訳：文化大革命で広西武宣県で紅衛兵が人肉を食べた事件)が以前、放映されていました。ちょっと調べてみたのですが、中国版ウィキペディアによると、中国人作家の鄭義氏が文革の後に広西チワン族自治区(6割以上の漢民族とチワン族をはじめ12の少数民族で構成される)に調査に行ったところ、同自治区全体だけで少なくとも1000人が食べられていたとのこと。

特に番組の舞台となった武宣県の学校の場合、副校長が村民の袋叩きに遭い、その後学校の給食調理室で料理されて、人肉パーティーが始まったのだそうです。テレビの中でもインタビューを受けた通りすがりのおじいさんが、最初は否定していたものの「あの頃は、みんな、そうだったからなあ」なんて答えているのですが、さらにその当時、ある女性が何とこの副校長の生殖器を食らったことから勇名をはせ、党幹部(武宣県革命委員会副主任)に抜擢されたとのこと。番組内では電話でこの女性を取材していますが、この女性は、その部分を食べたことは否定したものの、みんなと一緒に人肉を食べた事実を認めています。

あまりにもひどすぎて信じられないでしょ？

まあ昔の話ですから、ピンと来ないのも当たり前かもしれません。

ではそれほど昔でもない、今から26年前に発生した「天安門事件」についてはどうだったのでしょうか？

これも中国は文化大革命同様に口をつぐみ、まるでなかったことのようにだんまりを決め込んでいますが、先日、民主活動家の情報ネットワークから、「89年6月1－10日北京军队镇压处决人员统计－三万二千人」（訳：89年6月1～10日の北京軍隊が鎮圧処刑した人員統計－三万二千人）という資料が公開されたのです。

参考：http://jasmineplaces.blogspot.jp/2014/06/8961-10.html
それによると、**殺害された犠牲者総数は3万1978人**。

……大変な数です。

出所は人民解放軍の中でも情報を扱う総参謀部から2004年1月11日付で出てきたものとのことですが、報告者本人は2004年11月21日に北京で殺害されたとのこと。報告者の氏名は不詳ながら、総参謀部の高官であるとされています。

この資料に現れた数字は、まさに当時の現場の混乱ぶりを示していました。

事件発生当時の1989年6月4日、当時鄧小平を最高指導者とする中国共産党は、武力による鎮圧を解放軍に命じたのですが，これを完遂するため、解放軍上層部は軍内部からの不満を避けることを目的に、軍区の違う部隊での共同鎮圧となったのです。

　ところが内部の指揮系統の問題から、人民英雄記念碑東側と南側の鎮圧時に、デモ隊に混在していた１００人ほどの私服人員を間違えて殺してしまったとのこと。多くのデモ参加者は広場中央の英雄記念碑の周りから東西の長安通り方向に退散したのですが、「二度とこのようなことが発生しないように」との徹底した弾圧方針であったため、天安門広場に集まっていた４万人のデモ参加者に対しては根絶を期して虐殺が敢行されたのです。

　鎮圧時には１カ所に包囲して殺すのではなく、群衆を分割し追い込んで掃討殺戮を行ったため、多くのデモ参加者が各所に追い込まれ、それぞれ一群ごとに処刑されました。

　その結果、当時現場から離脱し助かった人々が見たのは部分的な殺戮に過ぎず、大量殺人の全体が把握されることはなかったのです。

　また袋小路に追い込まれ、あるいは挟み撃ちに遭い全滅したデモ参加者が目撃者として生き残ることはほとんどなく、さらに多くのけが人をその後も逮捕し殺害したり、数日後に殺害された者もあるなど「見たものは殺す」ことで、粛清鎮圧と同時に情報戦も制することができたのですが、同時にその犠牲者数は人民の想像を超えていたのです。

　殺された犠牲者の死体は小さな山のように積み重ねられ、ほとんどは事後直ちに火葬処理が強行されました。鎮圧開始時の映像はすでに海外にも流れていたため、中国共産党も「死人はなし」とも言えませんし、現に大量の「行方不明者」が出ていましたので、身元が判明した一部の遺体をパフォーマンスとして家族に引き取らせたのですが、鎮圧直後から追い込んだ各地区においては大規模な内部洗浄と修復作業が行われたそうです。全犠牲者の83・4％が集中した天安門広場でも、血痕や弾丸の跡はきれいさっぱり復元され、今は何事もなかったかのように観光地化しています。

中国人民解放軍内部には、実に多くの鎮圧に関する資料・文献と写真があるそうで、これらはこの天安門事件犠牲者の名誉回復後か、あるいは中国共産党崩壊後に明らかにされると思われますが、その殺害された人民解放軍総参謀部高官が民主活動家に伝えた資料は、１９８９年10月12日、総参謀部が統計した部分資料でした。

〜〜〜〜〜〜〜〜〜〜〜〜〜〜〜〜〜〜〜〜〜〜〜〜〜〜〜〜〜〜

１９８９年6月1〜10日　死亡総人数　３１９７８人：

1、うち、学生（身分確認）　１０９７４人

2、一般人（身分確認）　７９９２人

3、不明（未確認）　11865人

（2類と3類の人員には工員、農民、教師、医療関係者、武装警察、警察人員、私服警察官、国家機関関係者、退職幹部、僧侶男女、教会関係者、外国人などを含む）

死亡地区：（以下、軍人を含む）：

頤和園地区　12人、北京大学地区　17人、精華大学地区　23人、万寿路地区　39人、木樨地地区　11人、燕京飯店の外　27人、民族飯店の外　57人、西単地区　113人、西単から新華門までの地区　389人、人民大会堂北　271人（堆積死体群）、南長安街から南池子大通りまで　933人（堆積死体群）、天安門広場人民大会堂側　3569人（大きな堆積死体群）、天安門広場歴史博物館側　5781人（大きな堆積死体群）、人民英雄記念碑南側　2544人（大きな堆積死体群）、人民英雄記念碑北側　4633人（大きな堆積死体群）、天安門広場長安街側　9531人（大きな堆積死体群）、金水橋　289人（堆積死体群）、午門　812人（堆積死体群）、前門大通り　53人、崇文門地区　29人、北京飯店の外　21人、建国門の外　19人、二環路の建国門から朝陽門まで　33人、紅廟地区　17人、住宅侵入及び事務所エリアで処刑　1918人、病院　837人

天安門鎮圧後の死体焼却と思われる

合計　31978人

多くの死体は集められて、部隊ごとに数字統計を作り軍隊の業績として報告されましたが、地域外での殺害や、戦車で踏まれるなどして破損した死体の身分は不明で、確認しようがなかったとのこと。故に計上されていない死者もまだいるはずです。またけが人は含まれていません。

さらに天安門の鎮圧完了後の1989年6月10日以後に殺された、あるいは逮捕された人数は不明とのこと。

その上で、こちらの写真をご覧ください。当時天安門鎮圧直後に撮影された写真です。

鎮圧が開始されたのは6月4日夜。写真ではすでに空は明るくなり、兵士たちは走り回る様子もなく跡片付けをしています。しかし、写真を見ればまだ火が燃え盛っています。普通片付けるならまず消火作業から開始するのが当たり前でしょう。しかも、石畳の天安門広場には前日夜から燃え続けるほどの草木はありませんし、火の勢いはかなり強いようです。よく見ると、燃えている部材？　はきちんと一列に並んでいて、これを消火しようとしている人員も見当たりません。

つまりこれは、当時殺害した死体を鎮圧部隊ごとに並べて計上した後、燃料をかけて焼却処分しているとしか考えられないのです。写真に見える天安門の角度などから考えると、これは資料文中の「天安門広場歴史博物館側　５７８１人（大きな堆積死体群）」の一部を火葬処理しているものと思われます。

……で、早速この資料を基に、これから天安門を訪れる世界中の皆さんのために、「天安門観光慰霊マップ」を作成しました。どうぞご活用ください。

（これ以上やると殺されるかな：笑）

この鎮圧作戦に投入された兵士の年齢は当時およそ20～30歳、今は50代～60代です。この時のことを証言できる兵士の多くはまだ生きているはずです。

ところがＮＨＫはこの天安門大虐殺について「クローズアップ現代」の中で、「はっきり言えることは、広場での大きな虐殺はなかった」と伝えています。ちなみにこの「クロ現」、ヤラセ疑惑が問題となっていますが、問題は報道姿勢だけでしょうか？

天安門大虐殺慰霊マップ

①天安門広場

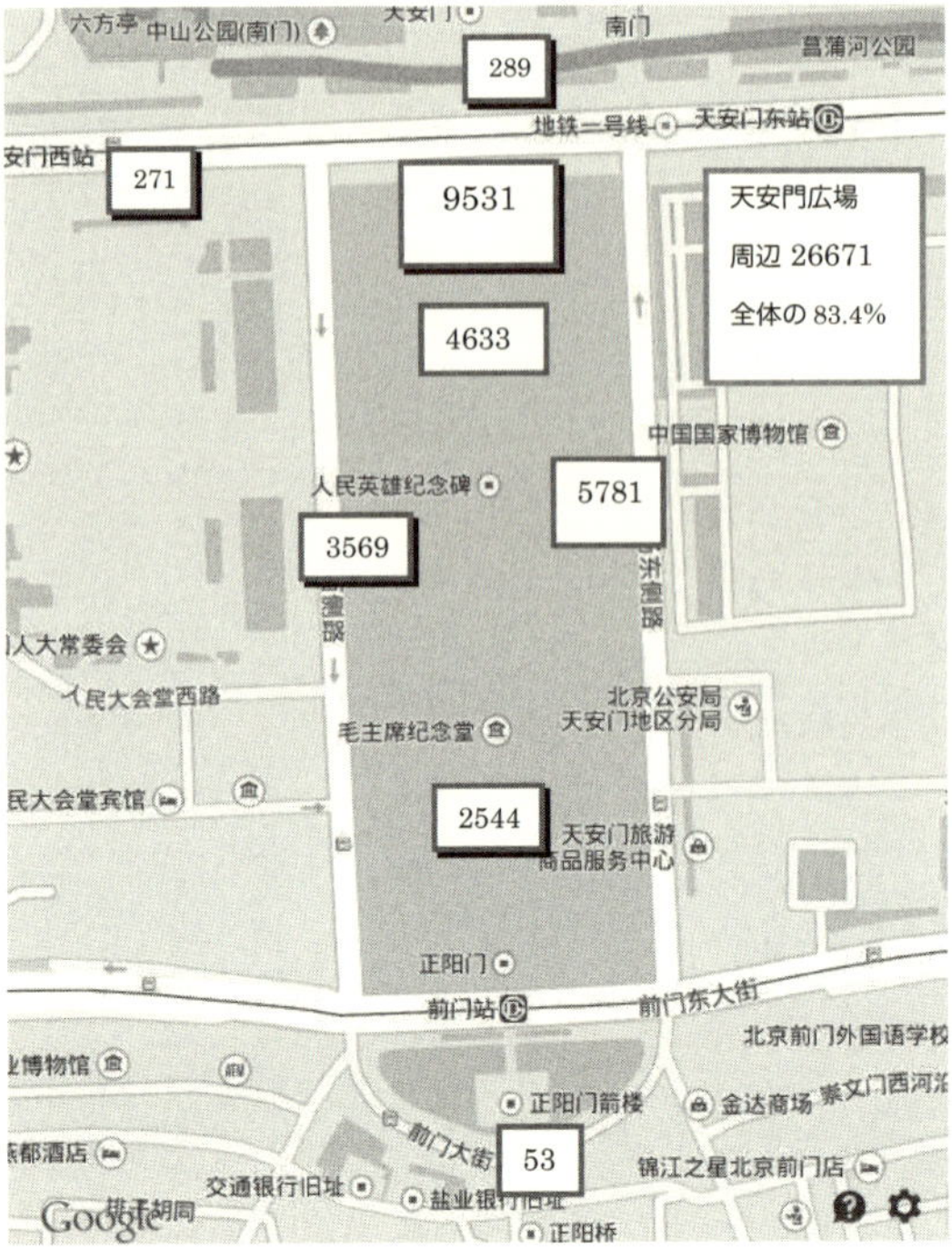

このＮＨＫと同じ住所には中国国営放送の中国中央電視台（ＣＣＴＶ：英語で「China Central Television」の略）日本支局があります。ＮＨＫは日本のほぼ全世帯を受信料支払い契約書で把握し、そのほとんどの引き落とし銀行口座も把握しているのですが、なんだかいろいろと心配になってきますね……。

　今は中国を代表する観光地のひとつとなっている天安門も、わずか26年前には、混乱のうちに怨念と血にまみれた犠牲者の死体がそこかしこに

②北京市街区域

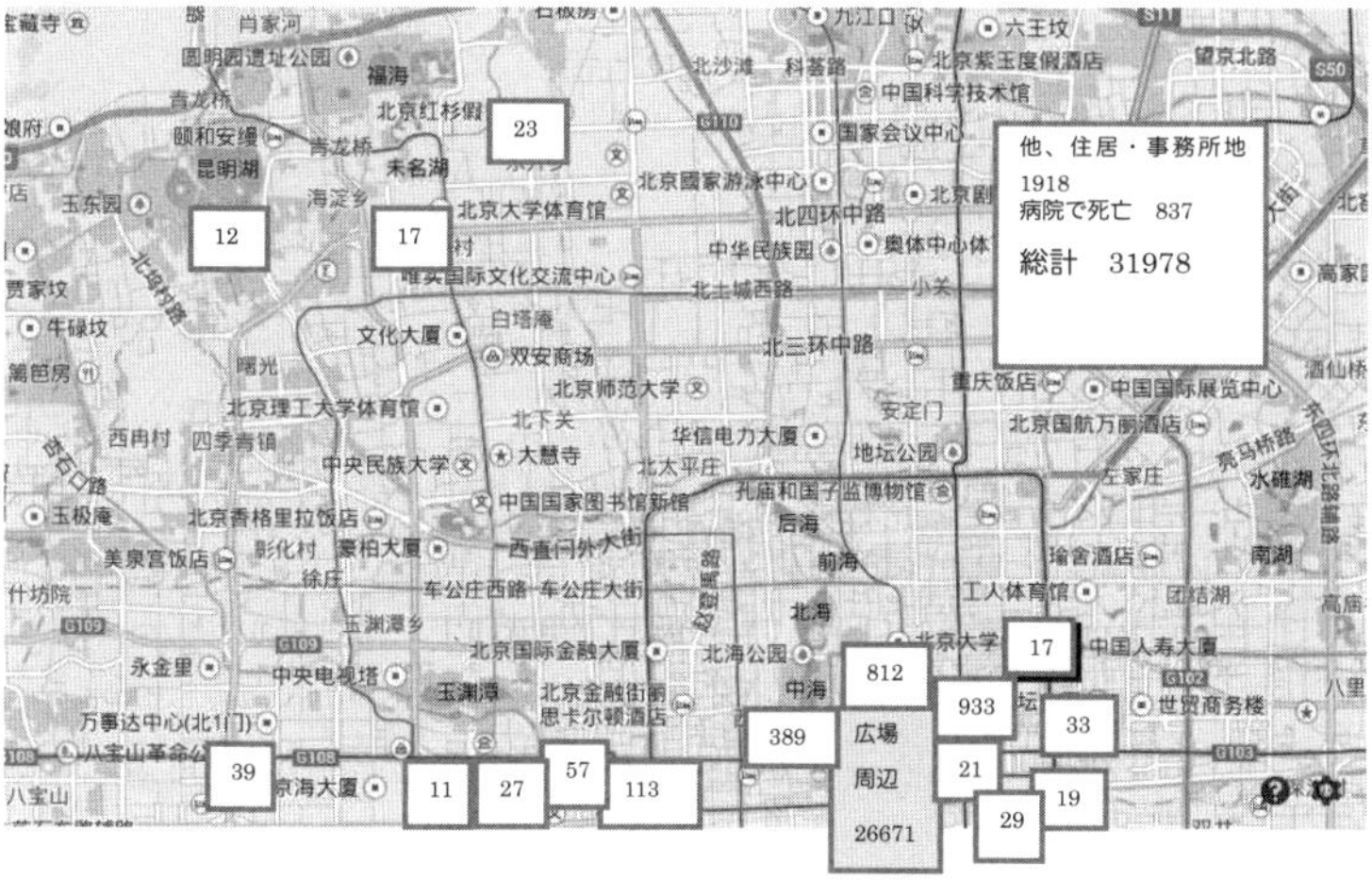

うず高く積まれていたのです。

当然ながら除霊も供養もしていないので、霊感の強い方はどうぞご注意を。

世界の民族性を日本は知らない

身近なお話をしましょう。

先日我が家に、オーストラリアで３００人ほどのアボリジニの集落を数人で守る警察官の夫婦が遊びに来ました。「アボリジニ」というと、大地に根差して文明よりも人の心を第一にスピリチュアルに生きる素朴な民というイメージを持っていた妻が、目を輝かせて彼らの聖地エアーズロックとそこに住むアボリジニのことを聞いたところ、この警察官夫婦が「ヒャーッハッハッハ」と大爆笑したのです。

「日本人はアボリジニたちをそのように見ているので

すか」

彼らは腹を抱えながらそう確認すると、夫婦で顔を見合わせまた大爆笑。畳の部屋でしたのであぐらをかくのが不得意なためか（畳に座る文化のない彼らには正座は拷問に等しいのです）、笑いすぎて後ろにひっくり返り、こう言いました。

「日本人はどうやったらそんな勘違いをするの？　彼らは本当に些細なことからよく喧嘩するよ。一人がたばこを吸うと、誰かが『俺にもくれ』と言って、拒否されればもう喧嘩になってフライパンで殴り合ったり、仲間が合流して集団戦にもなるんだ。スピリチュアル以前に道徳レベルが大問題な人たちだよ！　まあ日本人が期待するスピリチュアルなアボリジニもいるかもしれないけれど」

とフォローしつつも、現地人と接する夫婦そろっての大爆笑は、現場で仕事をする彼らなりの視点と見解を示していたのだと思います。

日本人の観点のズレは今、日本国内での犯罪検挙人口・検挙件数で社会問題となっている在日中国人についてもいえるでしょう。暴力的職務の執行や拷問も辞さない恐ろしい自国の公安局（警察）や、メンツにこだわる家族・親戚から解放された来日中国人は、これら外的要因以外に自分を律するものを、実はあまり持っていません。

日本に来るなりタガを外して、自分でも理解していない「自由」や「人権」を我が国において自分中心に実現しようとするので、外国人中犯罪検挙人口・検挙件数のトップをぶっちぎりで爆走しているのです。

私は元刑事です。現職の頃は北京語を使って被疑者やシャバにいる中国人参考人（これがまたいつ逮捕されるかわからないような人たちばかり）など１４００人余りと、朝から晩まで、まさに膝を交えてお付き合いし、取り調べましたが、１４００回は騙されましたね（笑）。そんな皆さんと付き合い、怒鳴り合い、時に交流して毎日を過ごした結果、それが普通になってしまったので多少のことでは驚かなくなってしまったのですが、刑事を辞めた後驚いたのが、こうした在日中国人の実態をほとんどの人が全く知らなかったことでした。

今はこれらの経験と語学を活かして、中国や在日中国人の現状とこれからを皆さんにお伝えする作家になりましたが、テレビは中国に進出しているスポンサー企業のご機嫌を気にしてか、まだまだ本当のことを伝えていません。

「中国人はよく嘘をつく」なんてうかつにも本当のことを言うと「レイシストだ！」「元警察官の癖に嘘をつくな！」「外国人差別だ！」なんてお叱りを受けることもあります。

日中友好の意味

私は警視庁在職時には、交番の警察官よりも署の刑事か本部の通訳捜査官をやっていた時期が長く、北京語を得意技として活動していたので、度々通訳もしていました。もちろん中国人被疑者の取り調べが中心となりますが、直に取り調べたのは犯人ばかりではありません。現場にいなくては分からない、この国の現実をこれから明らかにしていきますが、驚かないでください。

中国人は何につけても異国の地である日本においては、その人脈を頼りにしますので、同居人も中国人、同僚も中国人であることがほとんど。犯人を逮捕すると、その来日後の生活に関する裏付けが必要になるので、一人を逮捕すれば少なくともシャバにいる二人の中国人参考人から話を聞く必要があり、決して犯人とばかり接していたわけではありません。そこで痛感したのは、日本人と中国人の間には、中国語を日本語に翻訳した程度では双方の会話が成り立たないほどの意識の違いがあることでした。

なぜかというと、その単語の意味するところや概念が違うからです。その単語を現在の意味に定着させた文化が違うのです。そこのところを理解してお互いに話をしないと会話にならず、論点は定まらず、まともなお付き合いができません。

たとえば、「友好」。それはこのところの日中問題と全く結びつかない単語で、日本人が解釈しているような、単に波風立てず喧嘩せず仲良くやることを意味しているのではありません。

言いたいことは言い合い、かつ言うことを聞いてくれる存在こそが、友好の対象です。

実際に中国には「不打不成交」つまり「殴り合わなきゃ付き合いにならない」ということわざがあります。ぶつかり合ってこそ相手の力や対応の仕方を知ることができ、友だちになれる、という意味で、これが彼らの「友好」促進方法なのです。

日本人と中国人の違い

単語の意味や概念の違いは、「友好」以外にもたくさんあります。私が中国人に接してみて知った、意識の違いを並べてみると……。

・日本人は、ともに苦難を乗り越え目標を目指す同志を仲間としますが、中国人は、自分に利益と繁栄をもたらし、一緒に喜ぶ相手を仲間とします。

苦しい時まで一緒にいる必要はありません。危機はそれぞれの才覚で切り抜けるもの。だからこそ中国では会社の設立と倒産が目まぐるしいのです。

・日本人は、価値観が一致して、自分の安全を託しても後悔のない人を親友としますが、中国人は、自分の願い事をかなえてくれる努力を惜しまない人を親友とします。

役立ってこそ友達。友達だから役立ち、友達だから利用する。その積み重ねが信頼を築くのです。

・日本人は、友達には迷惑をかけたくないと考えますが、中国人は、迷惑をかけても許してくれてこそ友達と考えます。

友達になると、名義を貸せとか金を貸せとか、いろいろ大変で負担が増えますが、そこは器量の見せ所でもあるのです。

・日本人は人生において「運が良かった」と考える人が多いですが、中国人には「私は世界で一番不幸」と考える人がたくさんいます。

私が取り調べた中国人の多くが、泣きながら不幸自慢をしていました。

・日本人は反省しますが、中国人は反省させます。

だから絶対に反省しません。反省は目上に怒られた目下のすることだからです。

・日本人は約束を守りますが、中国人は約束を守らせます。

自分に課せられた約束には臨機応変に都合のいい解釈をし、決してペナルティを認めません。お互いがそうだからこそ、約束は「守らせるもの」なのです。

・日本人は他人の失敗を「お互い様」として許しますが、中国人は自分の失敗を「お互い様」であると主張します。

自分の責任を認めることは負けを意味しますから、相手を同じレベルに引き下げて同等にするしかないのです。

・日本人は幸せな結婚をゴールとしますが、中国人は、幸せになるために結婚し、スタートします。

恋愛も結婚もすべては自分の幸せのためですので、スタートから社会的に優位な相手を探すのがあたりまえ。だから金のある日本人の独身中高年は、モテるのです。

・日本人にとって、嘘は恥ずかしいことですが、中国人は、恥ずかしいことを隠すために嘘をつきます。

だから取調室でも、泣いて騒いで転げまわって、気が触れたフリをしてまで犯行を否定するのですが、その様子こそが恥ずかしいと考えるのが日本人。中国人にとっては、そんなことをしたこと自体を無かったことにすれば、すべては解決するのです。

・日本人は初めての動物を見ると、まず「噛みつく動物かどうか」を考えますが、中国人は初めての動物を見ると「食える動物かどうか」を考えます。

これは貧しいからではありません。裕福な家で育った中国人も同じで、公園の池にいる白鳥が天然なのか養殖なのかをとても気にしていました。

・日本人は生かされていることに感謝しますが、中国人は生きる努力を誇りにします。

不幸自慢は、裏を返せば生命力自慢。「生かされている」だなんてペットみたいなことはプライドが許しません。

・日本人は名誉を重んじ、役立つ人間であることを目指しますが、中国人は面子を重んじ、大切にさ

れることを望みます。

大切にされていないと感じても、脇役に徹することはできません。大事にされる努力をします。人生の主役は自分。常に「中」心の「華」になるための努力を惜しみません。

・日本人は主観より客観を大切にしますが、中国人は主観から客観を作り出します。

中華社会において主観が一致する最大の範囲が自民族を最高位に置いた中華思想であり、客観で一致するのが中国人同士の人間不信なのです。

・日本人は無償の貢献ができる人間になりたいと思いますが、中国人は無償の貢献を引き出せる人間を探します。

誰がどれくらい協力してくれるか、協力的な友人が何人いるかが社会的ステイタスであり、人物評価につながるのです。

・日本人は常に自分を見つめていますが、中国人は常に他人を監視しています。

国民の徳性向上よりも、監視と密告の徹底が治安維持につながるのです。

・日本人は将来人の役に立つ子を育てますが、中国人は将来自分を養う子を育てます。

実際に中国人は日本人よりはるかに親孝行。子の立場で言うと国民年金がないため、自分が養うしかないのですが、親の立場から言うと六十超えて子供に養ってもらえないだなんて、子育ての失敗をご近所に表明しているようで面子が立たない。だから子は親を養い、親は隠居生活を望みます。

……とまあ、日中の意識の違いを並べるとキリがありませんが、どうでしょう?

言葉は翻訳できても、自分中心の解釈と相手の立場に立つ解釈ではその意味するところが違い、これが違うと思考回路が違うので相手側の解釈も変わるのです。

つまり、日本人と中国人は、一つのものを見てもまったく違う脳の回路を持っていることをまず知るべきで、これを知らずに接近すれば、まったく予想していなかったトラブルが発生するのは当たり前なのです。これも国際化において避けることのできない通過点です。

私の通訳捜査官・刑事としての体験でも、語学ができてさえ会話が成り立たないことが多かったのですから、この中華民族と意思疎通し共存繁栄するのは至難の業です。

複雑な外国人事情

国際化社会に片足を突っ込んだ日本ですが、すでに「日本人」と「外国人」が単純に共存しているわけではないし、そんな把握の仕方では主導権を奪われます。

日本政府観光局によると、２０１４年中の外国人来日（観光局では「訪日」と言います）人口は１３４１万３６００人。

うち、中国人は240万9200人で伸び率は+83・3％。統計上では韓国人が275万5300人来日していますが、韓国人の場合は韓国籍を保持しながら日本では「特別永住者」という世襲制の滞在資格を持つ、いわゆる「在日朝鮮民族」が多いので、自宅に戻ってきた再入国者（でも帰国ではない）も多く含まれています。

ただしこれはあくまで出入りのあった人口ですから、のべ人口でもあり、日本にいる外国人の実数ではありません。

2014年6月時点での総在留外国人は235万9461人。うち中国人は72万1097人で、韓国人が53万7105人。

来日人口では中国人より34万6100人も多い韓国人ですが、日本に滞在している中国人の方が18万4000人ほど多いのです。

特に滞在資格の長いもののうち代表的なものを見ていくと、中国人は留学では全体（19万6942人）の51・1％（10万5996人）を占め、技能実習生では全体（16万2607人）の64・8％（10万5384人）を占めています。またこのところ増え続けている中国人永住者は全体（64万4949人）の32・5％（20万9302人）で、外国人犯罪のうち、検挙人口・検挙件数のいずれも4割ほどが中国人。

これがどんな問題をはらんでいるのか？　日本に限らずそこに住む人には本国人と外国人の区別が

あり、どの国にも（多数派である中国にも）国民が携帯義務を持つ国民身分証明書が発行されています。ちなみに中国の身分証明書は「居民身分証」と言い、外出するときには必ず携帯しなければならず、駅で切符を買うとき、ホテルに泊まるときなどはこれを提示しなければなりません。

ラブホに泊まるときなんて、二人の「結婚証明書」を提示しなくてはいけないのですよ。当然偽物もたくさん作られていますのでほとんど意味をなしていませんが、そんな仕組みをくぐり抜けて生活している中国人から見れば、身分証明書として使用される国民健康保険証にすら写真がついていない日本で身分をごまかすなんてチョロすぎ。

しかも日本には、国民が携帯義務を負う身分証明書はありません。「国民総背番号制は人権侵害だ」「国家に管理されるのは嫌だ」という人権派の声が大きくても、すでに実施が決まったマイナンバー制度にも民主・社民・共産党などが大反対。しかし、日本には、すでにたくさんの外国人が存在するのは御存知のとおり。

皆さんには以下の人たちが日本人か外国人か、見分けられますか？

1　純日本人
2　中国・朝鮮民族出身の帰化人
3　元日本人（現在は外国籍を持つ日本民族滞在者）
4　日本生まれで日本育ち、日本語を話す在日特別永住者

5　来日アジア人

私の警察学校同期生には、どう見てもポリネシア人？　みたいな、佐渡島出身の純日本人がいましたよ。

この見分けがつかないと、不法滞在者《オーバーステイ》を発見する端緒となる職務質問すらできません。

さらにこのうち、3、4、5は外国人で、純日本人と見分けがつかず、3、5には不法滞在者も混在しています。

まだ他にもいるんですよ。

6　アジア系以外で日本国籍を取得した帰化人

7　アジア系以外の外国人

7ならわかりますが、これだって声をかけたら帰化しているかもしれない。

私の知り合いには、納豆が大好きで日本語は全く問題がない金髪のアメリカ美人がいます。

彼女はまだ帰化していませんが、こういう人が「私は帰化していますよ」といったら、警察官だって美人には弱いので、それ以上ツッコミようがなかったりもする。

警察官は犯罪者を見つけるだけでなく、こうした国際化社会に混在する外国人の中から日本に紛れて様々な工作活動を行う外国勢力の工作員や不法滞在者を見つけ、把握しなくてはいけないのですが、一見して外国人だと確信し職務質問をしたとしても、今や帰化した日本人かもしれないのです。
でも私の知り合いの元中国人は残留孤児の息子ということで日本国籍を取得していますが、日本語なんか一言も話しません。カタカナなんか書けませんし、おそらく君が代なんか歌えないでしょう（歌わせたことはないのでわかりませんが）。
そんな状況で、あなたが警察官だった場合、どうやって声をかけ、日本人か不法滞在者かを見分けますか？
警察官「こんばんは〜、ちょっとよろしいでしょうか。ダンナさん、どちらのかたで？」
外国人「あ？　ワダシ、にぽんのカタよ。なに？」
こんな程度の日本語しか話せない帰化人だっているのですから、そうかもしれません。
警察官「すみませんが、身分を証明できるものをお持ちですか？」
外国人「何もないだけど、何聞きたい？」
警察官「免許証などはお持ちですか？」
外国人「ワダシ、歩いてるだけよ。ニポン、歩くの時免許いるかバカ」
警察官「本当は外国人なのではないですか？　在留カードをお持ちですか？」
外国人「ワダシニポン人だからな、在留カード持ってるのわけないだろバカ！」
こう言われて立ち去られれば、それ以上の職務質問が難しくなります。

職務質問は強制ではなく任意ですから、無理に引き止めることは難しいですし、そんなことをすればそれこそ人権派左翼弁護士の飯の種になってしまいます。

つまり、日本では外国人に「在留カード」もしくは旅券の携帯義務を課しても、本人が日本人であると言いはる場合、日本語があやふやであっても外国人風の人物であっても、日本人かもしれないのです。かと言って日本人であることを示す身分証明書は国民に携帯義務が課されていないため、在留カードを示さない場合、日本国籍の帰化人なのか、短期滞在者なのか、不法滞在者なのかが全くわかりません。それだけでなく、在日本朝鮮人総聯合会（略称：「総聯」）や在日本大韓民国民団（略称：「民団」）などの組織的民族団体と連携し、92％が朝鮮民族である特別永住者などは外国人でありながら日本語を話し、**外国人とは別枠で与えられている「特別永住者証明書」さえ携帯義務がないのです。**

来年（2016年）1月1日からマイナンバー制度が実施されると言われていますが、このマイナンバーカードに携帯義務は付されておらず、将来的に銀行口座などの情報がカード1枚に集約されるということで、別の意味で危険。海外に持ち出され、国家機関の分析でカードが複製されれば、なりすましやハイノリ（日本人と入れ替わる）が可能でしょう。これで工作員を発見し把握するなど、もうほとんど神業です。

スパイ防止法がない日本

これに加え、日本にはスパイ防止法がありません。

「特定秘密保護法」をスパイ防止法と勘違いしている人がいますが、これはまた別物です。特定秘密保護法は指定された秘密、これに接することのできる人の審査基準、接することを許可された人に守秘義務を課し、これに罰則を付していて、その対象は主に公務員ですが、これら秘密の事項に関連する組織や人員も保護法適用の対象になるというものです。つまり、具体的には軍事物資製造の民間下請け会社にも保護法が適用されることがありますので、その特定秘密に関することを漏らせば罰せられることになります。

ただし罰せられるのはこれら指定の団体に属する人までですので、例えばスパイがその団体に属する人に不正な方法で情報を引き出させた場合、引き出した本人は処罰されても、**情報を受け取ったスパイ自身は対象になっていないため罰せられません。**

そういう意味で特定秘密保護法はスパイ防止法の内容をカバーしてはいないのです。

簡単に言うと、日本の国益を損なうような情報の取得に加担した外国人を逮捕できる法律は、日本にはありません。このため日本ではこうした工作員を特定した上で、その人物が何らかの違法行為をした場合にしか逮捕できず（それでもやるから日本の公安外事警察は海外でもかなりの高評価なのです）、身柄を確保してもスパイには外交特権を持つ外交官も多いため、身柄の拘束さえできません。だからスパイが余程のバカでない限り、逮捕できないのです。

他国はそれを知っていて、日本は第三国の情報まで入手できる情報ターミナルとなっているのですが、一方ではどの国も日本での情報の安全性、確信性を信頼してはいません。

日本と手を取り合おうと情報を共有しても、日本人の危機管理意識の欠如と法的抜け穴が多すぎるので、違う国に情報が漏れることをおそれて、手が組めないのです。

そのため逆に、狙った相手に流したいガセネタを意図的に流すこともあるのですが、だから情報が混乱し、これをマスコミが手に入れるとややこしいことになるのです。さらにテレビに騙され新聞で裏付けをとったつもりになって踊り出す人がいる（笑）。「従軍慰安婦問題」などはその最たるものでしょう。

これが、国際化した（と勘違いしている）お粗末な日本の実態なのです。

伝えられない実態

私達の日本は今や国際化に片足を突っ込んでいながら、その意味を深く考えていなかったわけです。

平成21年の統計を元にした国別犯罪発生率
（日本人を「1」とした倍率）

	外国人登録者全体	来日	在日
中国人	4.05	4.90	1.41
ブラジル人	5.21	6.10	4.08
韓国人	3.02	2.32	3.30
ベトナム人	9.34	11.37	3.00
フィリピン人	1.47	1.22	1.89
アメリカ人	0.74	0.79	0.59
マレーシア人	0.58	0.68	0.25
インド人	0.52	0.50	0.60
イラン人	2.34	3.37	1.28

警察庁「平成21年の犯罪」「来日外国人犯罪の検挙状況（平成21年確定値）」総務省統計局「日本の人口」「国籍別在留資格別外国人登録者」より算出

「習慣の違いだよ」と笑ってはみても、実は相手を思いやることや、相手の立場に立って考えることができるかという道徳レベルの差に問題があることも多々ありますし、その「民度」レベルの差を指摘すると「差別」と言い換えられて追い込まれたりします。

それが民族対立につながりやすいわけですし、犯罪だって本国人にはない思考回路から生まれる予想外の手口が発生するので対処できず、これが世界各地で移民などを原因とした治安の悪化につながっているという現実があります。

外国人の実態を知らないまま、警戒すべきを侮り、助け合うべきところを距離を取りながら不安の中に生きるなら、余計な心配とエネルギーを使って疲れてしまうのは当たり前。本当に共存しようというのなら、実態を的確に把握し、接して、理解し合い、必要な距離感を保ってお付き合いすべきでしょう。そのための資料の一つとして、私が講演で度々使う前頁の資料をご覧ください。

「外国人は」と一口に評価できないこの国際化社会においては、それぞれの個性や傾向を分けて把握することが大切です。

上記の資料は、刑法犯に限定して国別の日本国内における人口を分母とし、検挙された人口を分子とした上で、日本人を「1」とした場合にどれくらいの犯罪傾向を持っているかを数字に表したものです。

元になった資料は平成21年とちょっと古いのですが、道徳レベルというのはそれほど急激に変わったりするものではありませんので、参考にはなるかと思います。

また、犯罪には刑法犯（ものすごく簡単にわかりやすく言うと、原始時代から忌み嫌われている殺人、放火、傷害、暴行その他の犯罪）と、特別法犯（著作権法、出入国管理及び難民認定法、麻薬・覚せい剤取締法、風営法など、社会文明の発達によって新しく禁止される犯罪）に分かれますが、刑法犯に限定した理由は、日本人が違反し逮捕されることが極めて少ない出入国管理及び難民認定法（略称：入管法）を含めると外国人に不公平なマイナス要因となるからです。今回は公正を期して刑法犯に限定し計算してみました。

ちなみに「来日」外国人と「在日」外国人の違いについては、この統計の元となるデータを作成した警察庁の分類に従っています。つまり「永住者」「特別永住者」「永住者の配偶者」を「在日」とし、それ以外を「来日」としていますので、ご注意下さい。

これを見ると、倍率の高さで目につくのはベトナム人で、「来日」では実に日本人の11倍以上の確率で刑法犯にタッチしていることがわかります。また、日系人の多いブラジル人も「来日」では日本人の6倍を超えており、こちらも要注意。

しかし、こうした資料もこれだけではまだ一面的な分析しかできません。

日本国内における人口を見るなら、今、ブラジル人は入国人口が少なく、ブラジルに帰国する人口は入国の3倍ほどになっていて、日本から毎年2万人ずつ減少しています。帰国に伴い日本政府が帰国希望者に補助を出し帰国事業を進めていますので、これからもブラジル国内が内乱状態にでもならない限り、ブラジル人は日本国内人口を減らしていくことでしょう。

ベトナム人については私も様々な外国人を雇うパチンコ店のオーナーの方から「ベトナム人はやばい」と聞いておりますが、日本国内人口が一昨年（２０１３年）の段階で外国人登録者６万４３３２人とほぼ横ばい、人口比で言うと「その他の国」に含まれるくらいの少数派です。しかしながら昨年（２０１４年）は総検挙件数・人口ともに2位を占めるなど、今後は国民感情に影響してくるかもしれません。

さらに問題なのは、登録者数65万人で、留学生の半分以上、技能実習生の6割以上を占める中国人と、戦後の日本にネットワークを構築して「来日」よりも「在日」のほうが犯罪率が高く、複数の「通名」を使い分けることができるなどで事実上いくつかの脱法が可能な条件にある朝鮮・韓国人特別永住者。

この3つの国は国家として「反日」を推し進め、日本においても政治的影響力を行使できる点で他の国とは明確な違いがあるのです。

さきほどの表を見ればその触法傾向は明らか。逆にマレーシア人やインド人などは、日本人の約半分の割合でしか刑法犯として検挙されていないなど、間合いをとってお付き合いすべき外国人と、ある程度信用してよいと思われる外国人の違いが明らかに存在することはお分かりでしょう。

本当は日本はすでに移民国家

それでも他人の悪い所には目をつぶり「彼らも悪い人たちばかりじゃないんだよ」といえる優しい対応で弱者を守り、「彼らも人間だ、きっといい人達なんだ」と信じられるそんな自分が好き♥な日本人は、被害に遭うまでその実態を知ることはありません。日本はすでに国内犯罪だけは国際化しているのです。

それなのに「日本は門戸を閉ざしている」とか、「国際化に関しては閉鎖的」だの、「移民を受け入れろ、外国人を受け入れろ」などと言われますが、皆さんは「移民」の意味をご存知ですか？

国連人口部の定義によれば「移民」とは「出生あるいは市民権のある国の外に12カ月以上いる人」なのです。

日本はすでに移民国家であるだけでなく、複数の通名使用など世襲で脱法生活ができる40万人弱の「特別永住者」と、彼ら在日朝鮮民族人脈の組織的社会犯罪まで容認してきた、**超ご立派な移民政策失敗大国なのです。その自覚がないのは日本人だけ。**

そして今、この在日朝鮮民族の人口を超えて日本に定着しつつあるのが中国人なのです。はっきり言ってすでに移民政策に失敗しているのに、国内外国人犯罪検挙件数・人数ともに1位の座を譲ったことのない中国を筆頭として、さらに新しい実質的移民を呼びこもうとしているのですよ。日本は決して閉鎖的な国ではありません。そういう思い込みをしている人と、そういう思い込みを必要とする勢力がいて、さらなる受け入れで利益を狙う人達がいるのです。

しかし、日本人の思考回路から犯罪を防止し犯罪者を罰するために編み出された刑法や、犯罪者の取り扱いを規定した刑事訴訟法は、言葉も考え方も道徳レベルも違う外国人に対応したものとはいえないのです。

犯罪は国際化しつつありますが、日本人の意識と法整備が全く国際化に立ち遅れている、と言うより、時代に逆行しているのです。

日本の近代の移民「在日朝鮮民族」

在日朝鮮民族について、先程は「世襲で脱法生活ができる40万人弱の『特別永住者』」だなんてさらっと説明してスルーしちゃいましたが、これは「ヘイトスピーチ」でしょうか？

最近は「ヘイトスピーチ」なるカタカナ文字で、日本国内における「差別」が話題になることが多々ありますが、その焦点となっているのが最近、何かと話題になる「在日特権」と言われる、在日特別永住者の「特権」です。

国語辞典によれば、「特権」とは「特定の身分や地位の人がもつ、他に優越した権利」を意味しますが、外国人である在日特別永住者がどんな特権を持っているのか？ とお思いでしょう。

分析してみると、結果的に特権となっているものの、その端緒は日本側の認識の甘さにあり、具体的には、彼らが組織的に勝ち取った在日朝鮮民族固有の「特権」と、在日特別永住者に与えられた「優遇」、外国人としての「メリット」、さらに個々の在日朝鮮民族が組織力を使い獲得する生活保護制度上の「扶助」という4つの要素から生み出される、日本人には不可能な犯罪を含めた身分上、財産上の利益が中心となっています。

一方で、これを指摘することが差別であるとして、在日朝鮮民族や人権派の皆さんが抵抗し、この公然とした糾弾を「ヘイトスピーチ」であるとして各地で衝突が発生しているのです。

その「在日特権」とは何かを知る前に、在日の特別永住者がどういう経緯でその資格を得たのかというところから簡単にお話ししましょう。

かつて日本の後押しで清国の小中華という地位を捨て、独立国となった大韓帝国でしたが、国としての機能が果たせず、ロシアの南下を防ぐため日本が合併。大東亜戦争終戦までは「大日本帝国朝鮮地方」であり植民地ではありませんでした。ところが、終戦直後から在日朝鮮民族の一部が「戦勝国民」を名乗り、駅前の土地を占領するなどの暴力的活動を展開。この時に中心的役割を果たした組織が、「在日本朝鮮人連盟」でした。

この戦後ドサクサの暴力活動により、彼らが奪った土地は今に至るまで在日朝鮮民族の子孫に引き継がれ駅前のパチンコ屋になったりしているのですが、この土地の強制収容を始めとする暴力行為に対し、終戦直後の警察官は武器の携帯を認められていなかったため治安を守ることができなかったのです。

そこでGHQ（アメリカを中心とした連合国総司令部）がこれを鎮圧し「彼らは戦勝国民ではない。第三国民である」としたことから、当時の日本人はこれら横暴を極めた彼らを「三国人」と呼んだのです。

この時在日朝鮮人たちに殺害された日本人は2000人を超えると言われており、当然のことながらこの「三国人」という言葉は憎悪と警戒心を持って使われることになりました。

現在はこの言葉は差別用語とされていますが、こうした戦後の歴史やその言葉の生まれた意味さえ学校では教えません。当時の状況は先日亡くなった高倉健さん主演のヤクザ映画「山口組三代目」にも描かれています。

この組織的暴力活動の中心となった在日本朝鮮人連盟も、朝鮮半島の南北分裂により在日本朝鮮人総聯合会（略称：朝鮮総聯）と在日本大韓民国民団（民団）に分裂しました。

また一方では、朝鮮半島の人々も、在日朝鮮民族も天皇陛下を中心に日本人として生きるべきだとする在日朝鮮人が日本人とともに政治結社を作り、右翼活動を展開しました。

しかしこれらの右翼団体も、警察にかわり自警組織的性格を持ちながら地元に密着した形で「戦勝国民」の横暴を防いだり、のちの学生運動に対抗した暴力団とつながって取り込まれてしまい、現在に至っています。

昭和27年（1952年）4月28日、サンフランシスコ講和条約の発効で、日本は国としての主権を回復し占領状態は解除され、すでに分裂対立していた韓国人と朝鮮人、台湾人は日本国籍を離脱することとなりました（それ以前の終戦直後に制定された日本の今の憲法は、我が国に主権がない中で制定された「押し付け憲法」と言えます）。

一方でこの頃から日本は朝鮮半島出身者の帰国事業を進めています。

すでに分裂していた北朝鮮に赤十字社組織を通じて帰国希望者を帰国させ、この帰国事業は１９８４年（昭和59年）まで続きました。しかし住み慣れた日本に残ることを希望した戦前からの朝鮮半島出身者は、日韓法的地位協定（昭和41年1月17日）や入管法改正での特例永住許可、簡易永住許可導入（昭和57年1月1日）により、当時の出入国管理令上の在留資格にかかわらず在留できるという、特別な立場を得たのです。

その後、平成2年（１９９０年）6月1日の在留資格の整理を経て、平成3年（１９９１年）1月10日の海部俊樹総理大臣（当時）の訪韓時に、韓国ソウルで「日韓法的地位協定に基づく協議の結果に関する覚書」（日韓外相覚書）が交わされました。

これが他の外国人との著しい対応差を生み出すなんて当時はほとんど知られることなく、その年の5月10日にはこの覚え書きを元に入管特例法（日本国との平和条約に基づき日本の国籍を離脱した者等の出入国管理に関する特例法）が公布、11月1日に施行され、複雑化したこれらの滞在資格を「特別永住者」という資格で一本化し、現在に至っています。

一方、並立していた総連や民団という在日団体が、「戦争被害者」として全国各地の自治体に様々な組織的圧力を個別に加え交渉し、条例などの根拠なしに様々な特典を獲得。一度実施してしまうと「そういうものだ」と考え先例に従う日本のお役所的特性も手伝い、これらのゴリ押しが最近までずっと引き継がれて来ました。しかし、情報がテレビや新聞などの一方通行型からネットでの相互通行型になったことで、これまで報道されていなかった様々な事実が明らかになってきたのです。

最近まで戦争被害民族への当然の補償として権利を主張してきた在日朝鮮民族ですが、今やその根拠とする強制連行による来日どころか、左翼勢力と組んでクローズアップしてきた「従軍慰安婦」問題さえ存在しなかったことが明らかになってきました。

さらにアメリカ政府がクリントン、ブッシュ両政権下で8年かけて実施した、ドイツと日本の戦争犯罪に関する大規模な再調査で、日本の慰安婦にかかわる戦争犯罪や「女性の組織的な奴隷化」の主張を裏づけるアメリカの政府・軍の文書は一点も発見されなかったことが、2014年11月27日付産経新聞「米政府の慰安婦問題調査で「奴隷化」の証拠発見されず……日本側の主張の強力な後押しに」に掲載されました。

戦時の米軍は慰安婦制度を日本国内の売春制度の単なる延長と解釈しており、戦争当時はなかったこの「従軍慰安婦」なる単語自体が造語であって、その実態は戦時における売春婦なのです。

つまり、転戦する兵営で商売をするため客となる兵士を追いかけていた「追軍売春婦」が最も的確で飾らない名称であると、私は思うのです。暴論でしょうか？

……で、そんな歴史（ファンタジー？）を背景に活用されていたとされる**「在日特権」**について、私なりに改めて調べ、まとめてみましたのですが、**調べてみるとなかなかすごい。**

これじゃ本国に帰りたくもないし、日本人になんかなりたくもないわけだ（笑）。

「在日特権など存在しない」という人もいますが、この特権や優遇、そしてウラ技の数々、**息継ぎなしでは全部言えないくらい存在します。**

日本人だけが知らない、日本滞在寄生のウラ技と対策

在日朝鮮民族の「特権」は都市伝説か？

「ブリタニカ国際大百科事典」によると、特権とは〝ある個人、集団または階級によって享受される特別の権力、免除、または利益を意味する。〟とのこと、また「goo辞書」によれば〝**特定の身分や地位の人がもつ、他に優越した権利。「外交官―」**〟となっています。その上で、在日朝鮮民族が持ついわゆる「在日特権」が特権なのかを調べ始めたのですが、**いわゆる「在日特権」には、**

1　在日朝鮮民族固有の「特権」
2　「特別永住者」としての「優遇」
3　外国人としての「メリット」と「ウラ技」
4　生活保護受給者としての「扶助」

という4つの要素があり、またこれらが複合して脱法や発見されにくい違法行為を実行可能にする隙間が生まれていることがわかりました。個別に見てまいりましょう。

1　在日朝鮮民族固有の「特権」

（1）公益性がないのに朝鮮総連関連施設は固定資産税の一部または全額が免除されている

これについては、違法の判決が出ていることが２０１４年12月18日付の産経ニュース「朝鮮総連施設の税減免「違法」と確定　最高裁、大阪市の上告棄却」に報じられています。

これは、大阪市が在日外国人の「公民館的施設」を減免対象とすると規定し、２００８年度に市内の朝鮮会館など20施設について、建物や土地の固定資産税など約５９０万円を減免していた事実につき、これを不当として市内の男性が取り消しを求め提訴していた案件。大阪市が在日本朝鮮人総連合会（朝鮮総連）の関連施設の固定資産税を減免した措置の当否が争われた訴訟で、市の上告が退けられ、２審大阪高裁判決が確定、減免措置は違法との判決が確定しています。

※参考　【朝鮮総連施設の税減免「違法」と確定　最高裁、大阪市の上告棄却】

http://www.sankei.com/affairs/news/141218/afr1412180039-n1.html

日本国民の拉致にこの団体が関わっていたことはすでに明白で、最初の拉致が発生してからこの違法判決までちょうど50年。国民を拉致する団体施設である上に日本人がほとんど使用しないのですから公益性などまったくないにも拘わらず、半世紀以上経った今も固定資産税の一部が島根・山口・福岡の各県自治体で減免されているのです。（２０１４年8月現在）

(2) 朝鮮学校の用地使用に関する市有地の無償もしくは格安の貸与をうけている

これについては在特会（在日特権を許さない市民の会）が京都朝鮮学校に対し街宣活動を行った件で、京都地裁は都市公園法違反の判決を出し、前校長は略式起訴、罰金10万円となっています。なお在特会側の有罪・執行猶予判決は、侮辱罪・威力業務妨害罪・器物損壊罪に関するものであり、これはまた個別の問題であって、未就学児も遊ぶ公園を体力の有り余る高校生が全力でサッカーをする校庭として堂々と使用するなど、この違法状態が長期に渡り継続しながら、自治体は有効な手を打たず、付近住民からの苦情が出ても警察すら動かなかったわけですが、こうした違法行為を継続できたこと自体は特権と言って差し支えないでしょう。

2　外国人に優越する「特別永住者」としての「優遇」

(1) 実質的に強制送還がない

他の外国人が万引き1件で滞在資格更新ができなくなり、自主帰国しなければ逮捕の対象となり、強制送還される一方、特別永住者は、内乱・外患の罪、国交・外交上の利益に係る罪及びこれに準ずる重大な犯罪に限定して退去強制となります。

実質的には、これまで一人もこの処分を受けた特別永住者はいないのです。

２００９年に明らかになった外交文書によると、１９７０～８０年にかけて懲役7年を超える凶悪犯19人を韓国に強制送還しようとしたらしいのですが、韓国がこれを拒否、しかたがないので北朝鮮に送り届けると伝えたところ、一人だけ受け入れたとの記録が確認されていますが、これ以後日本側からの強制送還の記録はありません。

入管特例法22条第4項には、**「無期又は七年を超える懲役又は禁錮に処せられた者で、法務大臣においてその犯罪行為により日本国の重大な利益が害されたと認定したもの」**と記されていますが、日本国民の一人や二人が殺された程度では「日本国の重大な利益が害された」状態のうちには入らないのでしょうか？

人権派市民団体の皆さんはこれをどう考えているのかよくお聞きしたいものですが、国民一人の存在は、国家にとって「重大な利益」だと私は考えています。

（2）旅券などの身分証明書の携帯義務がない

外国人は外出の際は必ず旅券か在留カードを携帯する義務がありますが、特別永住者にはその義務がなく、日本には日本人であることを証明する携帯義務を付した身分証明書が存在しません。つまり携帯していなければ日本人か特別永住者か、不法滞在者《オーバーステイ》か、不法在留者（密入国者）となるのですが、外国人でありながら日本生まれで日本育ち、日本語もほぼ問題がない特別永住者は、日本人なのか朝鮮民族なのかが判然とせず、日本人を偽装することが可能なのです。中国でさえ「居民身分証」という携帯義務を付した身分証明書が発行されていますが、日本に自国民であることを証明できるこうした身分証がないというのは国際化に大きく立ち遅れているのではないでしょうか。

（３）出入国が特別枠で再入国や「みなし再入国」の期間が他の外国人に比べて長い

再入国は滞在期間中に出国し日本に戻ってくる場合、最長５年とされていますが、特別永住者は６年。

みなし再入国許可というのは、外国人の場合1年以内で再度日本に戻る場合は再入国許可を取らずに再入国できるという、２０１２年７月９日から実施された制度ですが、特別永住者はここでも「２年以内」とされ、他の外国人に比して優遇されています。

（４）滞在資格が世襲制

これは私も法務省の官僚に直接聞いたところ「このように外国人に世襲制の滞在資格を与えている国は世界でも例を見ないのではないか」とのこと。憲法では第14条に**「栄誉、勲章その他の栄典の授与は、いかなる特権も伴はない。栄典の授与は、現にこれを有し、又は将来これを受ける者の一代に限り、その効力を有する。**」とされ、勲章でさえ当人一代限りなのに、特別永住資格は末代まで。

「特」別な永住「権」を持つというのは叙勲を超える特権なのかもしれません。

（５）公立学校教員としての採用と地方公務員への採用があり、他の外国人よりハードルが低い

文科省通達により、外国籍教員は校長や教頭にはなれなくなったそうですが、そういう通達を出さないとなれちゃったところが恐ろしいです。２００６年４月に「読売新聞」が、大阪ではすでに「在日先生」が100人を超えたと報じていて、その当時の外国人教員の国籍の内訳は、韓国・北朝鮮が101人、中国が3人、台湾が1人だったそうな。何でしょうか、この偏りは？

3　外国人としての「メリット」と「ウラ技」

（1）複数の通名申請と変更届で、複数の保険証が入手可能

実は在日朝鮮民族同様に外国人には通名が認められています。しかし普通はアルファベットを日本の発音に合わせてカタカナにする、または近い発音の漢字を当てる程度であり、顔写真同様、通名を見れば異民族であることが一目瞭然であることがほとんど。しかし在日朝鮮民族は日本人と全く同じ氏名を通名にする上、一般外国人もこの通名の変更を届け出るたびに新しい保険証の申請受領が可能であることから複数を揃えることも可能、これを公的身分証明書として異なる通名で複数の口座を開設することで税金対策、所得隠しが可能……。

さらにこうした保険証を利用して、複数の携帯電話を購入し転売することも可能ですが、これはさすがに犯罪につながる可能性が高いため、2013年11月1日に埼玉県警が、国内初の組織犯罪処罰法違反（隠匿）と詐欺容疑で男を逮捕しています。この男は1年のうちに5回も通名を変えていたとのこと。そういうことが実際に可能であり、同様にこうした手口で作られた未発見の隠し口座が多数存在する可能性を示し、これを否定する根拠がありません。

（2）逮捕されても通名報道、またはカタカナ表記

外国人の場合は、逮捕されても新聞やテレビでは通名か本名のカタカナ表記で表示されることが多く、それが本名であるかどうかさえ判別できませんが、特に在日朝鮮民族の場合は被疑者の写真が掲載されても通名が日本風であるため、読者や視聴者はそれが日本人ではない外国人の犯行であるとは気が付きません。すでに示した国別の犯罪率に現れている特性を日本人の目から隠すことができるのです。

（3）大学センター試験の語学選択科目を母国語にできる

普段家で家族や親戚と話す母国語を選択し試験に臨めば、ほとんどが英語を選択する日本人より高得点を取るのは当たり前です。これは権利云々より語学能力の問題でもあるのですが、韓国語や中国語は英語より平均して20点ほど高いとのこと。普通の科目なら選択科目間に20点を超える差が出れば是正が入るのですが、語学に関しては是正の対象外なのです。

（4）「日本人の配偶者等」「永住者」「特別永住者」「永住者の配偶者」は「帰国子女枠」での大学受験が可能

もうなんだか訳がわかりません。普通日本で言う「帰国子女」とは母国である日本に帰国した日本人を指すのですが、「外国人が日本に帰国」という段階ですでに言葉として矛盾が生じています。帰国子女枠は定員に対し受験者数が少ないため合格率が高くなるのですが、ここに母国から「帰国」した外国人受験生が入り込んでいることに矛盾を感じるのは私だけでしょうか？

（5）扶養控除では架空の被扶養者の申請が可能で、実質税金を＋－0にできる

「税金を払っていない外国人がいる」などという話を聞きますが、正確に言うと支払うべき税金と差し引き0になるまで被扶養者を申請し控除が受けられるというからくりで、もうこれは特権やメリット云々と言うより犯罪。

日本人の場合、父母など親族の扶養を申請すれば、その被扶養者の居住地の役場がこれを確認するなど裏取りができますが、母国に送金し親族を扶養していると申請されても、役場窓口は「確認が取れないので受け付けできない」と断ることができないらしく、言われるままに申請を受理、確認が取れないまま扶養控除に加算しているとの話を複数の役場窓口から聞いています。これは各国から来る外国人が使える外国人限定の脱法行為。もちろんすべての外国人がそんなことをしていると言っているわけではありません。

ちなみに、扶養控除300万円以上の高額控除者のうち、**国内の被扶養者は1264人。これに対し国外の被扶養者は1万2786人**であることを自民党参議院議員の片山さつき先生が月刊『WILL』2013年1月号で指摘しています。実に10倍の申請がなされ、しかもこれら被扶養者が実在するかどうかは不明、そしてその穴埋めの財源は私達日本国民の血税、つまりあなたが出した金です。

（6）自国の医療費が国民健康保険で穴埋めできる

２０１２年7月9日、当時の厚労大臣小宮山悦子氏は、外国人登録制度廃止と住民登録の開始に加え、それまでは長期滞在者だけが対象となっていた国民健康保険への加入を、中長期（90日以上）滞在者にまでハードルを下げました。この保険証を受け取ったあと、再出国して自国で医療を受けた場合、再入国後にその証明がなされれば、母国で支払った医療費の一部払い戻しが受けられるのですが、証明書類を偽造すれば濡れ手に粟。これでタレントのローラのパパが逮捕されています。これも私達の血税、あなたのお金です。

さらに、こうした「外国人としてのメリット」に、強制送還がない・日本人に似ていて日本語を話せる・複数回の通名変更が容易という、民族的特徴や身分的メリットを組み合わせると……。

(7) 社会復帰後は別の通名を使って、前科者につきまとう社会的不利を回避することが可能

「昨日までの私にさようなら」がリアルに実現できるのは、複数の日本風通名を駆使する在日朝鮮民族特別永住者のウラ技と言わざるを得ないでしょう。他にそんな外国人は日本に滞在していません。

ただし、２０１３年11月に法務省は結婚、養子縁組等の理由以外による通名変更を原則認めない旨の通達を出しています。でも本名で報道された場合でも、社会復帰後は通名が使えますね。

4　生活保護受給者としての「扶助」

在日朝鮮民族の場合、生活保護の受給申請時には民団もしくは総連のツテで弁護士が帯同すること

国籍別の生活保護受給世帯と受給率

国籍	総世帯数	被保護世帯数	受給率
日本	5085万7365世帯	132万1120世帯	2.6%
韓国・北朝鮮	19万246世帯	2万7035世帯	14.2%
中国	23万8147世帯	4018世帯	1.6%
フィリピン	3万8540世帯	4234世帯	10.9%
ブラジル	6万5125世帯	1455世帯	2.2%
米国	1万8035世帯	110世帯	0.6%
外国籍総数	109万3139世帯	4万29世帯	3.6%

※2010年、総務省人口統計資料と厚労省被保護者全国一斉調査基礎調査より。

が多いそうで、それだけで窓口は腰が引け、弁護士が騒ぎ出したら面倒になることまちがいなし。一人で申請に来る日本人に対してなら「もうちょっと頑張ってみてください」などと追い返すこともできますが、弁護士相手に揚げ足を取られれば上司にも迷惑がかかると考えるため、どうしても弱腰になります。しかも複数でどなり込まれては、現場窓口だってめげますよ。これは仕方がありません。こうしたことを裏付けるのが、その受給率。

２０１０年の総務省人口統計資料と厚労省被保護者全国一斉調査基礎調査によると、生活保護を受給している日本人世帯は日本人総世帯数のうち２・６％。韓国ならびに朝鮮人世帯の受給率は韓国・北朝鮮国籍総世帯数のうち14・２％とケタ違いであることが、夕刊フジ２０１５年2月16日号に掲載されています。そのうえすでに申し上げたとおり、第二、第三の通名口座は隠匿可能で、役場による口座発見を回避することができるため、実際には生活が苦しくなくてもゲットが可能。

だからこそ、生活保護を受給しながらポルシェを乗り回している在日朝鮮民族の犯罪者が逮捕されたり、売春クラブ摘発で逮捕された在日朝鮮民族女性が生活保護を受給していたなんて、ありえないことがあるのです。

その生活保護の内容は、

(1) 日常生活に必要な費用（食費・被服費・光熱費等）は生活扶助として支給、さらに母子家庭には加算
(2) アパートの家賃は住宅扶助として一定の費用を支給
(3) 義務教育を受けるために必要な学用品などは教育扶助として定められた基準額を支給
(4) 医療サービスの費用は医療扶助として本人負担なし
(5) 介護サービスの費用は介護扶助として本人負担なし
(6) 出産費用は出産扶助として定額範囲内で実費支給
(7) 就労に必要な技術の習得などにかかる費用は生業扶助として定額範囲内で実費支給
(8) 葬祭費用は葬祭扶助として定額範囲内で実費支給

……ということです。

「特権は存在しない」どころか、一言で言おうとすると酸欠で気を失うほどの**合法・違法・脱法**

テクニックが山盛り状態。

しかしこれをモロに指摘することは「ヘイトスピーチ」につながるのだそうですから、私も気をつけます。

彼らにとってまさに日本は楽園、これじゃあまりの楽ちん人生に人間がダメになって「来日」より「在日」の犯罪率が高くなるのは当たり前ですよ。

それにしても、誰が見てもわかるこんな不平等な取り決めを締結し、日韓外相覚書に署名した大臣はじめ、**海部さんの時代の大臣の方々、当時一体どういうキ●タマの握り方されてたんでしょうか？**

なぜこんなことになったのか？

次世代の党は「平沼グループ」から「たちあがれ日本」、そして4日間だけ「太陽の党」となった後、「大阪維新の会」と合流して2012年9月に「日本維新の会」となりましたが、さらにここから分離した国益優先の保守政党です。残念ながらわずか4年の間にこれだけ団体名が変わると国民への定着は難しく、また選挙への準備不足などから、2014年12月14日の衆議院総選挙では大きく議席を減らしました。

元衆議院議員の西田譲先生は、その中のお一人です。

議席を逃した今も、地元千葉県を中心に日本のための政治活動を展開していますが、その西田先生が国会議員だった当時、私も参加していた外国人問題対策ＰＴ（プロジェクトチーム）で、先生から「日韓外相覚書」なるものの存在を教えていただいたのです。

「あれがあるうちは、いわゆる在日特権というものに根拠を与えることになりますよ」

当時私はそんなものがあるなんて知りませんでしたので「外務大臣の覚え書き程度の話なら、そんな国際的にも不平等な取り決めは破棄してしまえばいいんじゃありませんか？」と聞くと

「不平等であっても、国際常識から外れた内政干渉であっても、一国の外務大臣が合意した話ですので、きちんと合意の上で破棄しなくては日本の国際的信用に関わるのです」

とのこと。日韓間のことだけでなく、世界を視野に国際的信頼を考える政治家が落選したのは誠に残念です。

で、帰宅後早速この覚書の内容を調べてみたら、これがとんでもないものであることが判明。

以下、その「日韓外相覚書」、正式名称は「日韓法的地位協定に基づく協議の結果に関する覚書」ですが、その内容も表現もいろんな意味で理解しがたい部分が多いので、要点となる箇所は私が太字にしました。

まずは御覧ください。

日韓法的地位協定に基づく
協議の結果に関する覚書
（一九九一年一月一〇日）

覚書

日本国政府及び大韓民国政府は、1965年6月22日に東京で署名された日本国に居住する大韓民国国民の法的地位及び待遇に関する日本国と大韓民国との間の協定（以下「法的地位協定」という）第2条1の規定に基づき、法的地位協定第1条の規定に従い日本国で永住することを許可されている者（以下「在日韓国人一世及び二世」という）の直系卑属として日本国で出生した大韓民国国民（以下「在日韓国人三世以下の子孫」という）の日本国における居住について、1988年12月23日の第1回公式協議以来累次にわたり協議を重ねてきた。

また、大韓民国政府は、1990年5月24日の盧泰愚大統領と海部俊樹総理大臣との間で行われた首脳会談等累次の機会において、1990年4月30日の日韓外相定期協議の際に日本政府が明らかにした「対処方針」（以下「1990年4月30日の対処方針」という）の中で示された在日韓国人三世以下の子孫についての解決の方向性を、在日韓国人一世及び二世に対しても適用してほしいとの要望を表明し、日本国政府は、第15回日韓定期閣僚会議等の場において、かかる要望に対しても適切な対応を行うことを表明した。

１９９１年1月9日及び10日の海部俊樹日本国内閣総理大臣の大韓民国訪問の際、日本側は、在日韓国人の有する歴史的経緯及び定住性を考慮し、これらの在日韓国人が日本国でより安定した生活を営むことができるようにすることが重要であるという認識に立ち、かつ、これまでの協議の結果を踏まえ、**日本国政府として今後本件については下記の方針で対処する旨を表明した。**

なお、双方は、これをもって法的地位協定第２条の１の規定に基づく協議を終了させ、今後は本協議の開始に伴い開催を見合わせていた両国外交当局間の局長レベルの協議を年１回程度を目途に再開し、在日韓国人の法的地位及び待遇について両政府間で協議すべき事項のある場合は、同協議の場で取り上げていくことを確認した。

記

1．入管法関係の各事項については、１９９０年4月30日の対処方針を踏まえ、在日韓国人三世以下の子孫に対し日本政府として次の措置をとるため、所要の改正法案を今通常国会に提出するよう最大限努力する。この場合、（２）及び（３）については、在日韓国人一世及び二世に対しても在日韓国人三世以下の子孫と同様の措置を講ずることとする。
（１）　簡素化した手続きで羈束的に永住を認める。
（２）　退去強制事由は、内乱・外患の罪、国交・外交上の利益に係る罪及びこれに準ずる重大

な犯罪に限定する。

（3）　再入国許可については、出国期間を最大限5年とする。

2．外国人登録法関係の各事項については、1990年4月30日の対処方針を踏まえ、次の措置をとることとする。

（1）　指紋押捺については指紋押捺に代わる手段を出来る限り早期に開発し、これによって**在日韓国人三世以下の子孫はもとより、在日韓国人一世及び二世についても指紋押捺を行わないこととする。**このため、今後2年以内に指紋押捺に代わる措置を実施することができるよう所要の改正法案を次期通常国会に提出することに最大限努力する。指紋押捺に代わる手段については、写真、署名及び外国人登録に家族事項を加味することを中心に検討する。

（2）　**外国人登録証の携帯制度については、**運用の在り方も含め適切な解決策について引き続き検討する。同制度の運用については、**今後とも、在日韓国人の立場に配慮した、常識的かつ弾力的な運用をより徹底するよう努力する。**

3．**教育問題**については次の方向で対処する。

（1）　日本社会において**韓国語等の民族の伝統及び文化を保持したいとの在日韓国人社会の希望を理解し、現在、地方自治体の判断により学校の課外で行われている韓国語や韓国文化等の学習が今後も支障なく行われるよう日本国政府として配慮する。**

（2）日本人と同様の教育機会を確保するため、保護者に対し就学案内を発給することについて、全国的な指導を行うこととする。

4．公立学校の教員への採用については、その途をひらき、日本人と同じ一般の教員採用試験の受験を認めるよう各都道府県を指導する。この場合において、公務員任用に関する国籍による合理的な差異を踏まえた日本国政府の法的見解を前提としつつ、身分の安定や待遇についても配慮する。

5．地方公務員への採用については、公務員任用に関する国籍による合理的な差異を踏まえた日本国政府の法的見解を前提としつつ、採用機会の拡大が図られるよう地方公共団体を指導していく。

なお、地方自治体選挙権については、大韓民国政府より要望が表明された。

（署名）
中山太郎
日本国外務大臣

（署名）
李　相　玉
大韓民国外務部長官

1991年1月10日　ソウル

いかがでしょうか。

これがいわゆる「在日特権」を認める根拠となった「覚書」です。

「日韓法的地位協定に基づく協議の結果に関する覚書」（日韓外相覚書）以前にも、歴史の経緯から単なる永住ではなく「協定永住」を定めて、重大な犯罪でも単なる刑法犯では強制送還処分をしないという「日本国に居住する大韓民国国民の法的地位及び待遇に関する日本国と大韓民国との間の協定」（略称：日韓法的地位協定）があったのですが、これに加えて日本での教育にまで踏み込んだこの外相覚書、さらにこれらの取り決めや法律で細分化された滞在資格を「特別永住者」として一本化した「日本国との平和条約に基づき日本の国籍を離脱した者等の出入国管理に関する特例法」（略称：入管特例法）が制定されました。

これらを根拠に、こうした特権やメリット、更にそれらの複合技が多数存在し、これが日本の財政に大きく影響を与えるまでに至っているのです。

特別永住者について、最近話題になったことに少し触れておきます。

ネット保守層の噂

昨年（２０１４年）年末から今年のはじめにかけて、特別永住者たちが子供たちを引き連れ韓国に帰国しているという情報がネット上で出回っていました。

どうもこれに気がついたのは学校に通う子供を持つ親たちのようで、韓国とのつながりを持つ保護者がこぞって帰国していることに異変を感じたようなのです。

調べてみると、韓国では今年の1月22日から在日韓国人を含めた「在外国民」の住民登録制度が実施され、登録しないと旅券が発給されない場合があるというお触れが出たことが判明。これに重なって、今年の７月９日まで、特別永住者を含む全ての外国人は旧来の外国人登録証明書を「在留カード」に、特別永住者は「特別永住者証明書」に、切り替えなくてはいけないのです。

住民登録すれば、祖国韓国での徴兵制度の対象者としてその住居地が特定され、これに従わざるを得なくなるし、登録しなければ旅券が発行されなくなる。

そこでこの住民登録制度が始まる1月22日より先に前倒しで旅券の申請をすれば、旅券の有効期限（10年間）までは有効な旅券を保持することができ、特別永住者証明書への切り替えもスムーズにできると考えての前倒し申請ではなかったのか……と私は見ていました。

実際にその噂どおりなら、

住民登録しない　⇓　旅券が発行されない　⇓　日本政府に旅券提示できない　⇓　特別永住者として滞在資格更新不可　⇓　特権&メリット喪失　＋　一般外国人資格に格下げ？　⇓　万引き

一つで滞在許可取り消し　⇓　退去強制処分　⇓　兵役⁉

……というふうに、事象が繋がる人も多いはず。

すでにお伝えしたとおり、在日韓国・朝鮮人人口を分母とした刑法犯検挙率を見ても、彼らは日本人の3倍を超えており、また扶養控除や生活保護が打ち切られれば収入がガタ減りして犯罪に手を染める者も出てくると考えたからです。

噂の実態

ところが、韓国大使館領事部に問い合わせてみたところ、びっくりするような寛大な回答が来たのです。なかなかうまい日本語で、こう答えてくれました。

「住民登録はしなくてもいいんです。あれは韓国内で商売するときに必要とされる制度であって、一般国民はあまり関係ないです」

「戸籍があれば国籍は残るので、旅券が出ないわけではありません」

「特別永住者であることを証明すれば旅券を発行しますよ」

「兵役免除スタンプは押してあげましょう。このスタンプがないと対象年齢（26歳）まで兵役をこなしていない場合は入国できないこともあるし、入国したあと出国できない可能性もあるので、特別永住者であることを証明してくれれば30分ほどの手続きで兵役免除のスタンプを押した旅券が出来上がります。心配しないで来てください」

つまり、日本のネット保守層の間での情報とは全く違い、特別永住者にはなんの問題もないのです。

一方日本側の法務省に問い合わせると、なんと特別永住資格は旅券の提示がなくても更新可能なのだそうな。

実際に、特別永住者証明書の申請に必要な身分証明資料として求められるのは「届出書」「写真」「旅券」「有効な特別永住者証明書」とされていますが、「旅券を提示することができないときは、その理由を記載した理由書」を提出すればよい、とされているのです。

さらに入管特例法第５条２項によると、

「法務大臣は、前項に規定する者（つまり、国籍離脱者とその子孫。今言うところの「特別永住者」です）が同項の許可の申請をしたときは、これを許可するものとする。」

とされていて、**なんと本件に関しては大臣でも拒否権がないのですよ。**

在日韓国・朝鮮人は日本の大臣にも有無を言わせない存在なのです。

日韓外相覚書に署名した中山太郎元外務大臣といい、日本の外務大臣ってどこまで情けない立場なんでしょうか？

さらに入国管理局によると、

「実は特別永住者証明書の更新は、運転免許更新と同じで、審査はないんです。国籍離脱者とその子孫としての資格ですから、旅券も国籍も関係ありません」

とのこと。大臣が拒否権を発動できず、資格更新に審査もないなんてこれまた新しい特別永住者の権利、略して「特権」が見つかったと思ったら、さらにびっくりするようなお話が法務省職員の口から出てきたのです。


「実は他にも国籍を変えているらしい特別永住者がけっこういるので……」

「え？　どういうこと？」

「中東や他の地域の国籍での特別永住者が増えているのです」

……？

ガーナ系特別永住者？

そもそも「国籍離脱者」とは、第二次世界大戦終戦前から引き続き日本に在留するが、サンフランシスコ講和条約（日本国との平和条約）の発効に際して日本国籍を離脱した者として扱われた者であり、入管特例法によりその子孫を含め、現在は「特別永住者」とされているのです。

だから、本来は若干の中国人や台湾人が入るものの、そのほとんどは朝鮮民族のはず。

ところが参議院議員で民主党のあの有田芳生氏の質問主意書から、とんでもない事実が明らかになったのです。


法務省の在留外国人統計（平成二十六年六月末現在）によると、国籍地域別特別永住者の数は、よく知られた韓国・朝鮮（36万０００４人）や中国（１７５９人）台湾（６４８人）以外にも、スリランカが２人、インドが５人、インドネシアが８人、イランが９人、イスラエルが２人、ラオスが１人、マレーシアが11人、ネパールが４人、パキスタンが３人、フィリピンが46人、シンガポールが３人、タイが10人、ベルギーが４人、ブルガリアが１人、デンマークが３人、フィンランドが２人、フランスが67人、ドイツが14人、ギリシャが８人、ハンガリーが２人、アイルランドが６人、イタリアが12人、オランダが13人、ポーランドが２人、ルーマニアが２人、ロシアが８人、スペインが３人、スウェーデンが９人、スイスが18人、英国が81人、ウクライナが１人、スロバキアが２人、コンゴ民主共和国が１人、ガーナが１人、モロッコが３人、ナイジェリアが15人、エジプトが２人、カナダが１０５人、コスタリカが２人、ジャマイカが１人、メキシコが７人、米国が７２６人、アルゼンチンが２

人、ブラジルが28人、ペルーが４人、オーストラリアが１０５人、ニュージーランドが31人及び無国籍が87人も。

参考【参議院議員有田芳生君提出「特別永住者」に関する質問に対する答弁書】
http://www.sangiin.go.jp/japanese/joho1/kousei/syuisyo/187/touh/t187067.htm

まず、国籍がない「無国籍」でも特別永住者でいられるのです。これには驚きました。考えてみれば確かに今はない満州国出身者などはこれに該当しますが、それを放置していていいのか？　さらに他の国々を見ますと、「国籍離脱者」の離脱時に存在していない戦後独立した国が10カ国もあります。独立の年を示して具体的に言うなら、

イラン（１９７９）
ラオス（１９５３）
マレーシア（１９６３）
シンガポール（１９６５）
スロバキア（１９９３）

コンゴ（1960）
ガーナ（1957）
ナイジェリア（1960）
ジャマイカ（1962）
モロッコ（1956）
……です。

これらの国籍の特別永住者の実態は、在日朝鮮民族の国際結婚により生まれた混血児がほとんど。しかし、日本では外国人の統計に関し国籍別の把握はあるものの、民族別の統計はないとのこと。世代交代を経た上にそこまで日本国が特別永住者として保護する意味があるのでしょうか？外国人参政権まで主張する特別永住者は、戦後の日本生まれ日本育ち。彼らを「特別」に永住者とし優遇すべき理由は？　その存在意義は？　そもそも彼らは本当に被害民族なのか？

これらを特権と断じることは「ヘイト」なのでしょうか？　「特別永住者」の「権利」、略して「特権」。私が間違っているのでしょうか？

国籍の混沌から生まれる諸問題

この制度が続けば今後の日本に次のような問題が発生し、拡大することが容易に想像できます。

（1）制度悪用を知った日本人と在日朝鮮民族の対立

すでに在特会を始めとした、言動がちょっと過激な団体と、これらに対する在日朝鮮民族側のカウンター団体が、日中から路上でぶつかり合い、検挙されたりもしているのです。

今のところメディアは在特会を一方的に「ヘイト集団」と位置づけて報道していますが、この在特会の正式名称が「在日特権を許さない市民の会」であり、その「在日特権」について日本国民が把握するに至れば、在特会以上に過激な団体が発生し、よりわかりやすい実質的な、そして直接的な活動をより大規模に開始するでしょう。

さらにこうした事態の進展は、日韓両国の外交情勢の悪化と日本国内の治安の悪化をまねき、在韓日本人の安全を脅かす可能性も出てきます。

（2）日本社会に溶け込もうとする親日帰化人や帰化希望者への悪影響

実は私の知り合いにも朝鮮系の血統を先祖のひとりとして持つ人がいます。本人は完全に見た目も言葉も国籍も考え方も日本人ですが、そういうご先祖様を持っていることが今後不利になるかもしれませんし、公言できないとなれば本当にかわいそうな気がします。私は排外主義者ではなく、単に反日本社会的＝反社会的な個人や団体への規制を求めているだけで、天が決めたその血統だけをもって彼らに肩身の狭い思いをさせることには反対なのです。

実際に「権利の主張だけを展開する同国民や同民族と同じ人間であるだなんて見られたくない」として出自に口を閉ざし、日本に馴染もう、溶け込もうとしている人たちだって少なくないはず。彼らのためにも、この異常な状態は早急に終わらせなくてはいけません。そして逆にこのシステムを悪用しながら善人ヅラ、被害者ヅラをする偽善者は、けじめもなしに日本社会に受け入れてはいけないのです。

(3) 反日をアイデンティティとする民族的反社会性の増長

私が扱った中国人強盗犯人の中に、仲間を増やすときに反日意識を煽っていたものがいました。「今度は俺達が日本鬼子どもに仕返しをする番だ」と誘われた共犯者も、これを犯行に踏み切った理由の一つとして説明していました。

当然そんな言い訳は通用しませんが、実際にこれで決心し、強盗を実行しているのです。

特に戦後すぐから反日意識で徒党を組み、敗戦に沈んだ日本人を多数殺害しながら結成された朝鮮民族団体が拉致事件に関わっていることは、警察もとっくの昔に把握していますし、その共通認識が民族としてのアイデンティティを強め、団結を固め、今のこの状態に至っているのです。

そしてその人脈がすでにマスコミ等にも及んでいることは、そろそろテレビを妄信しているお年寄り世代でも、うすうす気がついているのではないでしょうか?

(4) 工作やテロ活動などの犯人が「国籍」とする他国を巻き込む可能性

これが一番心配なのです。

例えば、第三国の国籍を取得してその国らしいカタカナの氏名や通名を持つ朝鮮民族系反日分子が存在しないとは言いきれませんし、その上で犯行に及び逮捕された場合、ニュースで流れるのはその国籍と通名なのです。その民族まで特定して報道できる社や局はないでしょう。他の国籍が取得できるどころか、無国籍でさえ特別永住者でいることができるなんて知っている日本人は殆どいませんし、そもそも特別永住者とは何なのかを知る日本人自体が少ないところ、仮にその犯人がその第三国の国籍を持っている人物であると報道されれば、新聞の読者やテレビ視聴者を中心とした国民の当該国に対する感情は悪化することまちがいなし。

最近は犯人の顔写真ではなく、特に逮捕直後の、フードをかぶって逮捕され移送されるそのシーンだけを放送するテレビ局や、通名を通名と断りなしに、または本名のように報道する偏った報道機関もありますので、特段の注意が必要です。

そしてこれは工作の一つとして効果的ですし、うまく根回しすれば情報操作としてかなり有効な一手なのです。一方、そのような人物に国籍を与えてしまった国にも責任はありますが、そんな日本の報道は大いに迷惑なだけでなく、そうした報道をし、そうした制度を放置している日本に対して、諸外国は確実に疑念や不信を抱き、国交問題に発展することも考えなくてはいけません。

我が国民を拉致して連れて行った北朝鮮や、いざとなれば自国にいる日本人を人質とする中国、報道の自由を保証せずへそを曲げて記者を拘束する韓国などが、こうした方法に気が付かないはずがないと私は考えています。

国際情勢が不安定さを増す中、5年後に控えた東京オリンピックの成功を目指すなら、日本の法制度も、日本人の国際意識も、今から直ちに改めるべきです。あと5年しかないのですよ。何よりこの状態を放置してきた責任は、これを放置してきた政治家を議席につけている私達日本国民にあるのですから。

朝日新聞の「誤報」取り消しのお知らせ

最近この「在日特権」にスポットが当たり始め、これに加えて「従軍慰安婦」制度に関する真実が暴露され、被害者意識を大きなテコとして国内勢力を伸ばしてきた在日朝鮮民族は脅威を感じています。

２０１４年（平成26年）８月５日、「朝日新聞」はそれまで取り上げてきた「従軍慰安婦」問題に関し、**『「済州島で連行」証言　裏付け得られず虚偽と判断』と題する記事を掲載し、その最後にこんな文章が付きました。**

■読者のみなさまへ
吉田氏が済州島で慰安婦を強制連行したとする証言は虚偽だと判断し、記事を取り消します。当時、虚偽の証言を見抜けませんでした。済州島を再取材しましたが、証言を裏付ける話は得られませんでした。研究者への取材でも証言の核心部分についての矛盾がいくつも明らかになりました。

この中に書かれている「吉田氏」とは、文筆家の吉田清治氏のことで、彼は大東亜戦争中、済州島で日本軍部の命令に従い従軍慰安婦の強制連行実施に加わったという「現場体験者」として、今や国際問題にまで発展した従軍慰安婦問題の火付け役なのです。

ところが彼の証言には矛盾が多く、またその経歴も史実とあわない部分が多いため、かねてから「嘘ではないか」と言われていた上に、**当の吉田氏自身が1996年の『週刊新潮』（5月2・9日合併号）のインタビューで「本に真実を書いても何の利益もない」「事実を隠し、自分の主張を混ぜて書くなんていうのは、新聞だってやっている」などと捏《ねっ》造《ぞう》を認めているのです。**

その吉田氏は2001年（平成13年）7月に死去したそうですが、その証言だけでなく経歴そのものに嘘や矛盾が多いことも判明。度々彼の発言や著書を取り上げていた朝日新聞がそれを知らないはずはありません。それでも引っ張りに引っ張って世界に嘘を拡散した末、2014年（平成26年）夏、先にご紹介した訂正文掲載に至ったわけですが、記事内容の最後に付いた文章はご覧のとおり全くの謝罪なしで、これが逆に大炎上するのは当たり前。

しかしもう完全に手遅れです。

戦後すぐにGHQの指示で、戦争に対する罪悪意識と自己否定の植え付けが行われ、日本が国家主権を持たないうちにGHQの素人集団が9日間で作り上げた現行の日本国憲法は、字義的には防衛戦争まで否定している上に、1980年代から始まる自虐史観教育によって、1990年代は土下座外交真っ盛り。

これらの自虐的歴史の存在を証明するものは、吉田氏を始めとする自称「当事者」の証言ばかりで、客観的証拠は何一つ出てきていないのですが、国際社会においては1993年（平成5年）8月4日に、この従軍慰安婦への性的虐待があったことを認める「慰安婦関係調査結果発表に関する河野内閣官房長官談話」、いわゆる「河野談話」が発表され、1995年（平成7年）の終戦の日に、当時の村山首相が、日本の植民地支配と侵略戦争を政府として公式に謝罪したのです。

これが、いわゆる「村山談話」ですが、この二つの事なかれ主義的公式見解によって、日本の国家的戦争犯罪が確定。その他の中国側の主張にも反論しなかったことから、日本は中国での南京攻略で300万人の無辜の民を殺しまくる侵略戦争を発生させ、朝鮮半島では慰安婦を犯しまくり、本国で原爆を食らって自滅した悪の帝国というイメージを定着させてしまいました。

さらにこれらの国家公式謝罪を受けて、国連人権委員会の決議によって1996年1月4日に提出された日本の慰安婦に関する、いわゆる「クマラスワミ報告」には、韓国市民団体や日本弁護士連合会の超熱心なロビー活動により、当時すでに虚偽であることが明らかになっていた吉田氏の「私の戦争犯罪」の一部を掲載させているのです。吉田氏はその三カ月後に証言は嘘であったことを認めています。

朝日虚報と対韓土下座外交

最近になって、２０１４年2月20日の衆議院予算委員会において、石原信雄元官房副長官より、
（1）河野談話の根拠とされる元慰安婦の聞き取り調査結果について、裏付け調査は行っていない
（2）河野談話の作成過程で韓国側との意見のすり合わせがあった可能性がある
（3）河野談話の発表により、いったん決着した日韓間の過去の問題が最近になり再び韓国政府から提起される状況を見て、当時の日本政府の善意が生かされておらず非常に残念である

……といった証言が出てきたのですが、すでに手遅れ。

しかしその結果、朝日新聞は追い詰められ、虚報を「誤報」程度にして謝罪もなしにお茶を濁し、全部で16の記事を取り消すと発表したのですが、取り消した記事については12本までしか公表されず、しかも記事はすでに英語にまでなって世界に流出しているのですから取り消しようがありません。

世界日報社の『月刊ビューポイント』２０１４年12月号によると、同社は16本の全ての記事を特定した上に、「吉田証言」に関連した記事を新たに2本発見し、全部で18の記事の存在を明らかにしています。その後朝日新聞は同年12月23日に新たに「誤報」として2本の過去記事を追加、朝日が認めた「誤報」数も18本になりましたが、月間ビューポイントの指摘した18本とは一致しておらず、まだ

まだ未発見の記事が放置されている可能性が高いのです。

これらの、本書執筆時点で存在が明らかになっている「吉田証言」に関する朝日新聞の記事に番号をふって、すでにお話しした事象を時系列にすると……。

・**1965年6月22日**
日韓法的地位協定署名

①　**1980年3月7日（川崎・横浜東部版）**
「連載　韓国・朝鮮人2（27）命令忠実に実行　抵抗すれば木剣」

②　**1982年9月2日　大阪本社版**
「朝鮮の女性　私も連行　暴行加え無理やり」

③　**同年10月1日　東京本社版**
「朝鮮人　こうして連行　樺太裁判で体験を証言」

④　**1983年10月19日夕刊　東京本社版**
「韓国の丘に謝罪の碑『徴用の鬼』いま建立」

⑤　**同年　11月10日　東京本社版**
「［ひと］吉田清治さん」

⑥　同年　12月24日　東京本社版
「たった一人の謝罪　韓国で『碑』除幕式」
⑦　1984年1月17日夕刊　大阪本社版」
「連載　うずく傷跡　朝鮮人強制連行の現在〈1〉徴用に新郎奪われて」
⑧　1986年7月9日　東京本社版
「アジアでの戦争犠牲者を追悼　8月15日、タイと大阪で集会」
⑨　1990年6月19日　大阪本社版
「名簿を私は焼いた　知事の命令で証拠隠滅」
・1991年1月9日　海部総理訪韓
翌日（1月10日）日韓外相覚書署名
・同年　5月10日　入管特例法公布
⑩　同年5月22日　大阪本社版
「従軍慰安婦　木剣ふるい無理やり動員」
⑪　同年　10月10日　大阪本社版
「従軍慰安婦　加害者側から再び証言」
⑫　1992年1月23日　東京本社版

「［論壇］従軍慰安婦への責任と罪（寄稿）」
⑬ 同年 同日 東京本社版
「［窓 論説委員室から］従軍慰安婦」
⑭ 同年 2月1日 東京本社版
「［私の紙面批評］冷静な検証のない危険性」
⑮ 同年 3月3日夕刊 東京本社版
「［窓 論説委員室から］歴史のために」
⑯ 同年 5月24日 東京本社版
「今こそ 自ら謝りたい 連行の証言者、7月訪韓」
⑰ 同年 8月13日 東京本社版
「元慰安婦に謝罪 ソウルで吉田さん」
・1993年8月4日
河野談話発表
⑱ 1994年1月25日 東京本社版
「政治動かした調査報道 戦後補償 忘れられた人達に光」
・1995年8月15日

村山談話発表
・1996年1月4日　国連人権委員会
いわゆる「クマラスワミ報告」
・同年　4月末　『週刊新潮』（5月2・9日合併号）のインタビュー
吉田清治氏が証言が虚偽であったことを認める
⑲　1997年2月7日　東京本社版
（「声」投稿）「当事者の声になぜ耳閉ざす」
⑳　同年　3月31日　東京本社版
「従軍慰安婦　消せない事実」


いかがでしょうか？

注目すべきは吉田氏が虚偽を認めたあとも朝日新聞は読者投稿を含め2本の虚偽記事を出していること。そもそもその時々に変化する自称「従軍慰安婦」の「証言」とやらはあっても、強制連行の証拠など何ひとつ出ていないのですよ。

これらがすでに世界に定着しつつあり、加えて韓国の反日プロパガンダによってアメリカなどの各地に慰安婦の像が建造設置され、日本国内だけでなく世界に散らばる日本人や日系人が犯罪者のよう

ブリティッシュコロンビア大学教授丘培培氏

に肩身の狭い思いをするに至っているのです。

こうした経緯を背景に、国内では在日朝鮮民族が組織的に被害者の立場を構築し、これをテコに左翼弁護士が連携して金のなる木を手に入れたというわけです。見事な工作です。

さらに賠償的意味合いで様々な特権を主張し、法整備をさせ、ウラ技を編み出してやり過ぎた末、今これが明るみに出て国際問題や社会問題になっていますが、状況はさらに悪化中。

２０１４年になって、今度はアメリカとカナダから中国人慰安婦が躍り出てきたのです。

中国人「従軍慰安婦」が世界デビュー！

２０１４年６月10日、中国外務省報道官が記者会見で、中国国内における日本軍の「従軍慰安婦」や「南京大虐殺」を世界記憶遺産に申請すると発表しました。裏を返せば慰安婦と名乗る女性の存在以外に証拠がないからこその「記憶遺産」申請なのでしょう。証拠がないにもかかわらず、この歴史捏造イメージ操作計画は実に周到に行われていました。

２０１４年４月29日**「当事者の口述によるブリティッシュコロンビア大学新書『中国人慰安婦』が**

歴史を再現」と題する記事が中国ネットメディア「博訊」より発表されていたのです。

その原文を元に、どのような経緯でこれまでなかった「中国人慰安婦」が生まれたのかを、まずお話ししましょう。

参考：http://www.boxun.com/news/gb/intl/2014/04/201404291024.shtml#.VXpLsOYvs9M

（前頁写真は作者の丘培培教授）

この情報はバンクーバー港湾ネットユーザーである史実維持保護会からの投稿とされています。

バンクーバーサン（Vancouver Sun）紙のコラムニストが推薦するブリティッシュコロンビア大学新書『中国人慰安婦』作者の丘培培教授が、海南島陵水県の農村の女性の黄有良の体験を元に描いた慰安婦の経歴は、15歳の時に日本軍に捕まり「慰安所」に入れられ、3年の間、性奴隷とされたというものでした。

バンクーバーサン紙のコラムニスト、ステファン ヒューン氏

この話に、バンクーバーサン紙の有名な時事評論コラムニストステファン　ヒューン（Stephen Hume）氏が感動。

彼はバンクーバーサン報で「性奴隷の物語が日本の歴史の暗黒の1ページを暴露する」と題する文章を発表し、黄有良の話を掲載したのです。

その内容とは、彼女が畑で日本軍の一団にいじめられ、その後帰宅のあとをつけられ輪姦されて、「慰安所」に押し込められ、毎日暴行を受け続けた、というものでした。その中で、彼女は、殴り殺されたり舌をかんで自殺した多くの同じ女性たちを見て来たと語ったとのこと。彼女はその後、同郷の人の手助けを借りて、葬儀を理由に慰安所から出て帰宅し、偽物の墓を作って父とともに逃亡、故郷の人々は日本軍に対して「彼女は自殺した」と伝えたのだそうです。

その後彼女は物乞いをして生計を立てていたそうですが、戦後も落ち着いて生活することができず、村人の蔑視や文革の嵐に翻弄され大変な生活を強いられたとのこと。

後後、彼女と他の「慰安婦」は日本に対して賠償を求めたそうですが、審理した法廷がオーストラリア、オランダ、イギリスの婦女子に関する強姦および性奴隷の案件だけを起訴対象としていたため拒絶され、中国でも注目されなかったのだそうです。

この話はブリティッシュコロンビア大学出版社を版元として本になり「Chinese Comfort Women - Testimonies from Imperial Japan's Sex Slaves（中国人慰安婦：日本軍性奴隷の証言）」というタイトルで発売され、第二次世界大戦期間中、「慰安所」内の中国人婦女子が恐怖のうちに生活したことを詳細に記録した初めての英訳出版として「歴史の真相を知らしめる機会」を作ったのです。

ステファン　ヒューン氏は、

「この本の作者の立場は報復を扇動するためのものではなく、歴史の検証のためであり、この本にはその年に何が発生し、誰がその中に含まれているのかが記録されている」

としています。

私はこの英語の本を読んではいませんが、報道によると著作の中にも「いわゆる『慰安所』の出来事は日本人民に恥をかかせることではなく、ナチス大虐殺や原子爆弾による死者や被害者と同じように、人々に追悼してもらうことで、ドイツやアメリカ人民を辱めるものではない」と書かれているとのこと。

でもその狙いはあまりにバレバレ、下心丸出しです。

バンクーバーサン紙の記事には、4月27日（日曜日）午後3時半にはバンクーバー公立中央図書館で、4月28日（月曜日）午後7時にはリッチモンド市立図書館で著者丘培培教授と読者の交流会が行われたとも掲載されています。

そこでは被害婦女子の証言と解説が行われ、これをとても重要な活動であったと記しています。

この2回にわたる交流会は、英語と北京語（国語）で作者と自由な交流が許された無料の催しで、丘培培は参加希望者には子供たちを連れて参加するよう呼び

尾山宏氏

かけています。

で、その席上、彼女はあいさつの際、

「史実に取り組むことで、やっと日本が歴史の暗闇から出てくることを助けることができ、隣国と和解して、信頼関係を積み重ねることができた」

と語ったのですが、この時彼女は、この言葉は以前被害者捜索を手伝い、バンクーバーでの平和討論に参加した日本の弁護士尾山宏氏の言葉を引用したものであることを明かしたのです。

中国国際放送局日本語版ホームページでは、尾山氏を「中国への日本侵略戦争の被害者の賠償訴訟を無償で支援する弁護士」として紹介しています。

氏のホームページに公開されている経歴を見ると、

「1930年12月29日生。東京で生まれた後、北九州小倉に移住、1953年東京大学法学部卒／1956年弁護士開業　1957年愛媛県の勤務評定反対闘争に派遣される。1988年日本教職員組合常駐顧問弁護士に。日教組分裂で顧問辞任。読書大好きの弁護士です。」とのこと、80超えて現役バリバリマッカッ赤、とうとう日本一国を性犯罪国家に仕立てた気力あふれる活躍ぶりは冗談抜きで尊敬に値します。

この『中国人慰安婦：日本軍性奴隷の証言』という本は、中国人「慰安婦」に関する第一の英文専門書として、すでに主要メディアの注意をひきつけていると報じられています。

このウェブサイト主筆のMeghan Murphy氏はバンクーバーサン紙の他、カナダのVICE NEWSでも丘培培教授を訪ねたのちに書いた文章を掲載し、そのタイトルは「日本はいまだに中国の『慰安婦』性奴隷制度を認めない」だったことが中国メディア「博訊」で報じられています。

その記事では、もう一人の江蘇省の被害者である雷桂英の悲劇の物語を紹介しているとのこと。

彼女は9歳の時に日本人が管理し子供を連れてくる「慰安所」に連れてこられ、その目で彼女より何歳か上の少女が日本軍に壊されてしまうのを見ており、彼女自身も13歳の時に初潮を迎えた後に暴行を受けて「慰安婦」とされたという話を紹介し、「もし歴史の真実が伝わらなかったら、後の人々は同じ轍を踏むであろう」と警告する内容でした。

突っ込みどころ満載の「慰安婦問題」

しかし私はあえてこの自称被害者たちに突っ込みを入れざるを得ません。

- 内地（現在の日本の領土）から遠く離れた大陸で、女性の集団を強制的に連行して転戦できるほど日本軍には人的・経済的余裕があったのか？
- 戦後、なぜこれまで日本人混血児問題が発生していないのか？
- 日本軍がなぜ少女の初潮が始まるまで性暴行を待っていたのか？　どういうフェチだ？（笑）

・その時、抗日戦争で活躍していたはずの兵士や中国人男性は何をしていたのか？
・なぜ、江沢民政権時に反日路線が明確になってから今まで、格好のネタであるはずの中国人慰安婦が取り上げられなかったのか？
・尾山氏は無償で中国人慰安婦の捜索（創作？）調査活動を継続できたほどに儲かっている弁護士なのか？
・尾山氏や丘培培教授の活動費はどこから出ていたのか？
・尾山氏は、弁護士としての問題提起に恥じることのない性奴隷存在の証拠を、どこに見出し、何から確証を得ているのか？

私は年寄りには優しい、長幼の序をわきまえた中年のつもりですが、尾山氏がただの感情的な活動家ではなく弁護士であるなら、証拠を見せてほしいのですよ。

元刑事だからこそツッコミますが、「ごめん」で済めば警察はいらないんです。「証言」で犯人が決まるなら弁護士はいらないんです。

確たる証拠があるなら、それを示すべきです。証拠もない虚言や妄言に今きちんと反論していかなければ、私達の子供や孫、子孫が、国内外に展開する国際化社会で不当な差別を受け、「強姦民族の子」として学校ではいじめに遭い、社会に出ても採用されず、または解雇され、散々な一生を送ることになるでしょう。国民全員が世界各地で犯罪者のように扱われる未来に、日本人の夢も希望もないでしょう。

結論を申し上げます。

軍は若い男の集団ですから、当然女性を求めます。それは世界の軍隊でも共通しており、当然売春・買春も発生しますが、日本軍が現地女性を拉致監禁し性暴行した証拠は、「当時の犠牲者」の「証言」以外、なにもないのです。しかしながらこうした人間の本質を真正面から捉える真面目な日本軍は、商売する売春婦から性病を営内に伝染させないよう軍医が検査をしています。その診察費用を慰安婦が支払っていたという話は聞いたことがありません。兵営の衛生保護が第一の目的だったとしても、彼女たちは彼女たちで、性病を主体とした無料の健康診断を受けながらの公認売春であったことも事実。今の外国人売春婦があわれになるほど条件のいい「性奴隷」です。

さらにこの売春行為に関して、将校は1時間2円、下士官は1時間1円50銭と定めた「遊興料金表」が中国側から発見されたり、韓国のテレビニュースでは当時としてはかなり高額な「性奴隷」の給料明細が「日本軍の関与の証拠」として公開されるなど、悲劇の性奴隷ヒロインストーリーはもうガタガタで、メッキが剝がれて肉ばなれ状態。

ちなみに、この「中国人慰安婦」プロパガンダとなっているカナダのブリティッシュコロンビア州リッチモンド市では人口比率において中華系がすでに43・6％に達し、バンクーバー市での比率は白人が49・1％、中華系は29・4％で40万人を突破、現地日本人約2万3０００人だけでなく現地の白人社会をも圧迫し始めているのです。

騒いでいるのは各地で優遇される日本人に劣等感を感じ、時に優遇を得るために日本人であると偽る（留学経験者の話では、実際にカナダで「あなたの他にも日本人がいる」と言われてカナダ人に紹介されたのは韓国人だった、とのこと（笑））東アジアの反日国出身者であることは明白です。

被害者としての損害回復の権利を勝ち取れば、民族的優位や優遇が獲得できることから、終戦70周年を過ぎた今も盛んにこうした問題がねつ造されている状態ですが、この反日運動が今後の国際社会において私達日本人の子孫を不利に追い詰め貶めることは間違いありません。

第二章　正しく差別しよう

あなたの大好きな差別

……「差別」。この言葉だけで目を吊り上げる人がいます。保守層の中にも「『差別』ではなく『区別』だ！」とおっしゃる方もいますが、差別ってそんなに悪い話なんでしょうか？

では、すべての差別に反対する大人たちにお尋ねします。

あなたは今日、何かを差別していませんか？

実は「差別」の多くは、私たちの生活に欠かせない判断基準です。たとえばこの原稿を書籍にするため、私は出版社に企画書を提出します。その中に必ず書かなくてはいけないのは「類似他書との差別化」という項目です。簡単に言うと、他社から出ている似たような本と、私が書く原稿のどこが違い、どこが優れているのかということをアピールするための項目なのです。

まあ、そこに書く内容を具体的に言うなら、本書の場合、「外国人犯罪問題に取り組む元刑事の現場の経験と数値を元に独特の視点から書かれた点」とか「自虐史観を基本とする現代日本の『差別』に具体的批判と提言を加えた点」なんて書くことができます。

これは単なる「類似他書との**区別**」ではだめ。他者と自分を区別した上、自らが優位であるという差を示さなくてはいけません。それが自己アピールです。

それは裏を返せば、他者への差別、つまり他者との「差」をつけた区「別」なのです。

男も女も「差別」する

簡単に言うと、実社会においては、差別なしに自己アピールなんてできないのです。どんなに「差別はいけない」とキレイ事を言っても、人は自分を他人と差別化しないと、就職採用試験の面接を受けられませんし、好きな異性に自分を売り込むこともできません。飛び込みの営業マンだって、自社製品を持ち上げ他社製品と差別しないと、売り上げが確保できないのですよ。

それが現実の社会です。

そして会社に、異性に、自分の長所をアピールするなら、一般的な人間すべてと自分とをその差で区別してもらう、つまりその他大勢の競合者を差別してもらう必要が生まれるのです。

ここで、差別とは何なのかという定義をはっきりさせようではありませんか。

- **差別とは単なる区別ではなく「差」を明確にした区「別」であり、評価である**
- **根絶すべきは「差別」ではなく「不当な差別（不当な評価）」である**
- **「不当な差別」とは、天が決めたこと（出身や人種など先天的要因に属すること）に対する人間目線の不遜な価値決定である**

私は「差別しない」ことより「正しく差別する」ことを心がけています。

だって、じゃがいもひとつ買うときでさえ、大きいじゃがいもを選ぶでしょ？　小さいのが好きな人もいますが、別にそれでもいいのです。**どっちを選ぼうと、これこそが多様な価値観に基づき差を明確にした区別と評価の結果なのです。**これに対して「じゃがいもに対する差別だ！」とか文句を言う農家なんていないでしょ（笑）。人は無意識のうちに差別をし、いいものを選択するのです。

え？「人とじゃがいもは違う？　一緒にするな？」

そうですね。

じゃがいもには悪意も自己中心的言動もありません。じゃがいものほうが素晴らしい。

特に最近「ヘイトスピーチ」などと横文字を使い、在日朝鮮民族に対する「差別」を追及している団体がありますが、少なくともじゃがいもは、密航してきたのに被害者面したり、日本が戦争で負けた途端に戦勝国民を名乗って地域住民を集団で殺したり、幾つもの名前を使い分けて口座を作ったり脱税したり、役場が真偽を照会できない国外扶養控除申請をしたりしません。私もじゃがいもは好きですが、反日本社会的じゃがいもや刺青で相手を威嚇するじゃがいもなんか食ったことも見たこともありません。

「在日特権を許さない市民の会」略称「在特会」などの表現の過激な活動団体に肩入れするつもりはありませんが、端から見ていてメディアの偏向ぶりには頭にくるので言わせていただきますよ。

彼らは「在日」という、天が決めた先天的要因を叩いているのではなく、「反日」と「特権」を叩いているのであり、それを隠して手放さない奴とその仲間が「叩かれた」と騒いでいる、ただそれだけの話です。

叩かれた団体が「人種差別」という言葉を使わなくなったのはなぜか？　差別されているのが、天が決めた「人種」ではなく、自分たちのその言動であることを知っているからです。

差別は評価である

差別は、いいものを選ぶときだけでなく、安全を確保するためにも行われます。女性が、清潔感も金もなさそうな男を避けるのは、不潔や貧困、危険を避けるためです。

いや、「危険な男が好き」って言う女性もいますよ。でも、女性の本能は最終的に安定と生存を求めますし、命がけで新しい命を産んで育てる、腕力の弱い存在として、これらの判断は本能による当然の反応。

そしてまさに、その判断基準は「差別」そのもの（笑）。

でもそれでいいのです。

大切なことは差別しないことではなく、正しく差別し生活に資することです。

私の少ない経験から申し上げますと、ある意味女性は自分自身の差別化を求めます。

女性読者のみなさん、彼氏や、すでにダンナとなった男性にかつて**「私のどこが好き？　どこに魅力を感じてくれたの？」なんて問い詰めたりしたことはありませんか？**

これはある意味、差別教唆犯です。（笑）

そう聞かれた男性が、一瞬でも悩んだそぶりを見せたり、誰にでもいえるような当たり障りのない褒め言葉を口にしたりすると、彼女の機嫌を損ねます。なぜなら女性は、愛する男性には他の女性と違う特別な地位と明確なプラスの評価を期待するからです。その他大勢の女性と自分の差別ができない男なんて、女には用なしです。

でも、ここで男性がこう答えたとしたら、あなたは尊敬できますか？

「人間はみな平等で、女性は元カノも君もあっちの女の子もみんな素敵だよ」

優しく男の両手を取り重ねさせ、その上にワイングラスを置いて、伝票丸めて鼻に突っ込んで店を出たあと、男の携帯を鳴らしてやりたくなりませんか？

「差」を明確にした区「別」は「評価」そのものであり、それは日常に求められていて、それなしに優れたものを選択し人生や生活を向上させることはできません。あなたは差別＝評価を禁じられた世界に生きてみたいですか？

自称「市民」の正体

差別撤廃運動を起こして、自らの存在に有利な世論づくりと法の制定で運動資金を獲得する、自称「市民」団体の目的を、そろそろみんなで見抜きましょう。

そもそも左派がこうした人権問題に取り組み始めたのも、元は学生運動最盛期に、共産革命のための暴力行為で警察に逮捕された仲間や、これから逮捕されるかもしれない自分自身のための権利確保や早期釈放の実現を目的としていたからです。彼らは学生運動が激化した時代から、法学部を中心とした仲間を、先輩後輩の縁で助け合い法曹界に送り込み、またはこれを組織的に支援して、逮捕された仲間を救出できる弁護士の卵を育て続けてきました。今やその弁護士の卵は50代〜60代、現役世代の重鎮です。

弁護士以外にも、極左活動家などはコネで後輩を自分の会社に入社させ、アパートの保証人になったり金銭的援助をしたり、時に名義を貸したりもしているのです。親に頼らないのはなぜかというと、実家の周りで「活動家」としての活躍、つまり火炎瓶やらゲバ棒振り回しての非道ぶりが知られてしまい、実家は地域で白眼視され、自分自身も実家に出入りしにくかったり、縁を切られたりしているからです。

これらの実態は、私が公安捜査官として直に取り調べた実態ですから間違いありません。

彼らはなぜ反米反戦平和主義で中国の軍事的脅威に口を閉ざすかというと、暴力による日本での共産革命を目指す上で、警察や自衛隊が暴力革命に立ちふさがることが一番の障壁になることを知っているからで、自衛隊やこれと連携する米軍の支援を断ち切りたいのです。

民主党政権時代、当時官房長官だった仙谷由人氏が、自衛隊をさして**「暴力装置」**という言葉を使い問題視されましたが、あれこそは彼が若い頃に参加していた学生運動で使われた、左翼活動家独特の言い回しなのです。

暴力革命を目指すからこそ、敵を封じるために愚衆が賛同しやすくわかりやすい「反戦平和」を訴える。

……この偽善を見抜けない人々は、彼らの正体に気づかず、まじめに世界平和のために活動をします。

気づけば離れていくのですが、離れていかないのは完全な反社会活動家であり、その人脈はその他の外国人団体を含む様々な反日団体とつながり、うごめいているのです。

では、百歩譲って、その詭弁とも言える「反戦平和」「非武装中立」「暴力反対」が本当に実現できるのかを、非暴力革命で有名なガンジーさんに聞いてみましょう。

非暴力の限界

「非暴力だが抵抗はする」と言う人もいるでしょう。それはそれでいいでしょう。そういうポリシーがあるなら、撲殺されるまでそれを通したその人を私は尊敬します。しかしこの世界はあなた一人ではないのです。

私達は「守りたい」と思えるほど大切な人と共に生きているのです。その大切な人が暴力を振るわれた時、その非暴力を通すことができるのか？「反戦平和」などという言葉は守るべき大切な人がそばにいない、自分しか見えない悲しい人達の寝言のように聞こえてくるのです。

さらにその非暴力は、よりランクの低いいじめやリンチ、より広いレベルで言うなら奴隷制や虐殺に直結するという点で、誰の得にもならず、世の中の役に立ってもいません。

大体にして非暴力主義者であるインド独立の父、マハトマ・ガンジー氏がいたインドは今、国家として戦争の脅威から脱していますか？

彼はこう言っています。

「わたしの信念によると、

もし、臆病と暴力のうちどちらかを選ばなければならないとすれば、
わたしはむしろ暴力をすすめるだろう。
インドがいくじなしで、はずかしめに甘んじて、
その名誉ある伝統を捨てるよりも、
わたしはインドが武器をとってでも自分の名誉を守ることを望んでいる。
しかし、わたしは非暴力は暴力よりもすぐれており、
許しは罰よりも、さらに雄雄しい勇気と力がいることを知っている。
しかし、許しはすべてにまさるとはいえ、
罰をさしひかえ、許しを与えることは、
罰する力がある人だけに許されたことではないだろうか。」

ガンジー氏でさえ非暴力を他人には押し付けていませんし、臆病になるよりは武器を取れと言っています。……というか、これを読むと、なんだかガンジーさん、悩んでいるみたいですよ。

あ、それからまるで非暴力の権化のように思われがちな、愛と平和を説いたキリスト様だって、神殿敷地内で商売する露天商にブチキレて大暴れしています。

ユダヤ人の過越祭《すぎこしのまつり》が近づいたので、イエスはエルサレムへ上って行かれた。そして、神殿の境内で牛や羊や鳩を売っている者たちと、座って両替をしている者たちを御覧になった。

イエスは縄で鞭を作り、羊や牛をすべて境内から追い出し、両替人の金をまき散らし、その台を倒し、鳩を売る者たちに言われた。

「このような物はここから運び出せ。わたしの父の家を商売の家としてはならない。」

（ヨハネの福音書　2章13〜16節）


星一徹の自宅内「ちゃぶ台返し」どころじゃない、リアル神の子の神殿露店返し&怒りの荒縄ムチ攻撃。

神の子ですので、一番大切な祈りの場を汚されたくなかったのでしょう。

大切なものを守るための有形力の行使は、大人の世界にもありますが、それが本当に友達や他人を傷つけてまで守るべきものなのかどうかは、子供のうちから何度か失敗しながら、大人になってわかること。全世界20億4000万人の信者の頂点にあるキリスト様でさえ、一般人には理解できない価値観で暴力沙汰に及んでいるのです。自分の存在を賭けて大切な何かを守ろうとする気持ちは、神様もガンジー様も容認しているどころか推奨しているのではないでしょうか。

むしろ非難されるべきは、非暴力に名を借りた暴力の誘発と容認、暴力受忍の押し付けです。

子供が原始的暴力を覚えることなく幼少時から聖人君子的な対応を取るよう強要され、先生方の余計なまでにありがたい「非暴力」や「許しのススメ」を表面上で受け入れ続けていると、どんな大人になるか、おわかりですか?

「非暴力主義者」といえば格好いいかもしれませんが、自分自身や大切なものを守ることもできず防衛本能を否定する、打たれっぱなしの「人間サンドバッグ」になります。仕返しのないけんかや、力による防衛を許されないけんかは、いじめです。これが学校の教室レベルならまだしも、政治家レベルになると、自分自身の非暴力にとどまらず「反戦非暴力社会」の実現を目指し国民をサンドバッグにするのです。

「非暴力」は個人の自発的信念であるべきで、いかなる形であっても他人に強制すべきではありません。

非暴力による暴力受忍の強制は、生存権の侵害です。

あなたの脳に彫り込まれる思考回路

「人間平等社会」を叫びながら、人間社会より左斜め上から国家を見下した反権力主義の感情教育は、これを真に受けて育った多くの日本人の視点を「弱者・貧者＝正義」vs「国家・権力者＝悪」の「権力闘争史観」で概念を固定し縛りつけました。

彼らの教育を受け続けていると、その思考回路は本人も無自覚のうちに定着し固定され、これを教えた日教組の大好きな「階級闘争史観」に沿って物事を考察するようになりますので、行きつく答えも見えてきます。

武士は戦争のために存在し威張れる存在として年貢を搾取し、農民は何時《いっ》の世も貧しく抑圧され、悲しい人生を歩んできた……という、「武士＝搾取するもの」vs「農民＝搾取されるもの」の階級闘争を主軸とした分析で歴史を語り、近現代史に至っても「軍vs国民」「国家vs国民」という対立構造でしか歴史を説明しない。というか、これしかできない。

すべてが権力と服従、搾取と抑圧の関係ばかり。そんな辛いことばっかり続いてたら、農民がみんな自殺しちゃうでしょ？　聞いてる児童生徒だって全く面白くない。学力だって落ちるわけですよ。

月刊ビジネス誌の『ＳＡＰＩＯ』（２００８年11月26日号）には、日教組に言及して４日で国土交通省大臣の職を追われた中山成彬先生の発言に関し、高崎経済大学教授（当時）の八木秀次先生は、「やっぱりあった学力テストと日教組の〝相関関係〟」と題する記事を寄稿、中山元大臣の「日教組の強いところは学力が低いところ」という発言を実例を示して裏付けています。

みんなそれぞれの地位や役割にありながら、それぞれの楽しみがあり、立場を超えた理解や交流もあり、お互いを尊重していたからこそ日本は士農工商みんなが連携してできる独自の文化が育ち、積み重ねてくることができたのです。

実は江戸時代には、町民や農民、文化人が腰に挿していた独特の刀剣文化があり、豪商は甲冑武具を部屋に飾っていましたし、若い武士は季節限定で地主の小作農のアルバイトをしたりもしています。部屋にこもって傘を作るだけが武士の内職ではないし、水呑百姓は水しか呑んでないなんてこともないのです。社会の仕組みを大切にしていたからこそ、農民は武士に敬語を使いますが、身分の違いは役割の違いにすぎないことを人々は歴史を通じて知っていました。

織田信長の配下で、経験を活かした甲冑職人になり「日根野形《ひねのなり》」という全国的な兜ブランドを立ち上げた日根野弘就《ひねのひろなり》という元武士だっているんです（彼のデザインした兜は日本各地で作られたため、現在も地方の博物館でもよく見かけます）。

また幕末には農民から武士になり治安を守ろうとした新選組などが有名で、武士以上に武士らしく散ったため伝説になり、今でもお墓に千羽鶴が奉納されたりアニメになったりもしているのです。

そういう面白い文化に触れることなく、悲しい対立図式と年表だけ摺りこまれてりゃ、歴史の授業が面白くないのは当たり前。

また、現代においても「官僚＝悪」「政治家＝癒着」「警察＝権力の犬」なんてのも、ものを考えずに受け売りで話したがる人の頭には吸収されやすく、その思考回路はガッチリと彫り込まれ、世間にそのイメージを定着させています。

これらの洗脳から生まれ増殖する階級闘争史観は、反体制勢力の拡大に貢献し、かつては我が国でも死者が出る暴力革命まで起こしています。

その結果、自動的に導き出される「自虐的歴史解釈」、つまりマイナス思考でしか日本の歴史や社会を解釈できない子供たちを多数社会に排出する徹底教育がいまだに推進されているのです。疑問を感じさせることなく情報を摺りこむことを、「洗脳」と言います。考えることなく信じる人を、「信者」と言います。その結果、反戦平和団体はカルト化し、その活動は先鋭化するのです。

一方「教育」は、答えを教えるのではなく、問題の解き方を考えさせるもの。解き方を「学び」、さらに「問う」ことこそが「学問」であり、それこそが洗脳と教育との違いです。

あなたは、「自由」「平和」「人権」「平等」を唱えれば平和な社会が実現すると説く唯物無神教のカルト信者になっていませんか？

その御題目の意味を、そしてそれを「教えてくれた人たち」の真実を知りたくはありませんか？

これが教師の教育理念

さきほどはサラッと流してしまいましたが、みなさんは、「日教組」って聞いたことはありますか？

この組織の正式名称は、日本教職員組合と言い、その略称が「日教組」なのです。総務省統計局によると、２０１４年10月１日時点で、日本国内における教員人口は、82万１６０人。うち日教組に属する教職員は25万２６８６人、教員は23万８４８３人で、加入率は減りつつあるものの教員の29・１％を占めています。

つまり教師のほぼ３人に１人が日教組という計算です。

加入すると否応なしに組合費が天引きされるのですが、加入しないと堂々と、またはネチネチと様々な不利益を加えられることが多々あるため仕方なく加入している若い先生もいることを、私は教育現場から聞いております。そしてこの団体はその教育の偏向ぶりが問題となっているだけでなく、すでに申し上げたとおり、これを批判した国土交通省大臣（当時）の中山成彬先生を就任４日間で大臣辞職に追い込むほどの、絶大な組織力と影響力を持っています。

その構成員である教師の先生方がどういう理念で教育に携わっているのか、ちょっと知りたいと思いませんか？　なぜ中山成彬元国交大臣が首をかけてまでこの組織を非難したのか、不思議ではありませんか？
その答えは、日教組の「教師の倫理綱領」によく表れています。
以下、その綱領です。

1 教師は日本社会の課題にこたえて青少年とともに生きる
2 教師は教育の機会均等のためにたたかう
3 教師は平和をまもる
4 教師は科学的真理に立って行動する
5 教師は教育の自由の侵害を許さない
6 教師は正しい政治をもとめる
7 教師は親たちとともに社会の頽廃とたたかい、新しい文化をつくる
8 教師は労働者である
9 教師は生活権を守る
10 教師は団結する

えー、一応申し上げますが、これ、「労組の心得」じゃなくて「教師の倫理綱領」ですよ。

4の「科学的真理」って、ズバリ唯物論者の目指す科学的社会主義、つまり神も仏もない共産主義の原点じゃないですか？　「こういうことは隠しておけよ」と思わずアドバイスしたくなるほどに野望をモロ出しにして憚らない、それが日教組なのです。

5の「教育の自由の侵害」って、子供の「教育を受ける自由」ではなく「先生が教育する自由」を守る意味にしか読めません。

しかも2の**「教育の機会均等のためにたたかう」**も完全に教師の要求押し付けで、子供目線で考えるなら「授業の機会均等」でしょう？

8の「教師は労働者である」って、ちょっと前まで給料もらいながら組合活動のヤミ専従してましたよね。労働者なら働けよ。

憲法28条にある労働基本権を盾に労働者の権利を主張するのはいいとしても、授業すっぽかして子供に自習させておきながら組合活動するなんて、教師失格です。

9「教師は生活権を守る」とか、10の「教師は団結する」って、教育と関係あるのか？

国民の生命身体財産の確保を第一とする警察は、団結権なんて持ち出したら警察業務がストップしちゃうから、禁止されていても誰も文句は言いませんよ、そんなの。

労働組合を作っていいと言われても、作りません。

だって、国民のため、地域住民のための警察ですから。

自分の権利を求め、自分たちのイデオロギーを持つ組合ですから主語があくまで「教師は」なのはわかるけど、公務員として、また尊敬されるべき教師としての貢献などどこにもない。権利を求めることに熱中するあまり、権威を失ったのも納得できます。

これが日教組の「教師の倫理綱領」。

そもそも人のために働くことに「喜び」ではなく「搾取」という被害者意識を持ち、義務を果たすことより権利を主張するために結成された団体に加盟している先生方が、これから社会に出て楽しく働き明るく生きていける子供たちを育てることなど、できるわけがないのです。

日本人のアイデンティティは今、反日勢力と国内反日日本人によって破壊されているのです。

生徒があこがれる先生が、どれほどいるでしょうか。

歴史が曲がれば未来も曲がる

世界が日本に期待していても、私たち日本人が日本国民弱体化を狙う歴史教育を受け続けたなら、我が国は反日国家の優位を許し、攻撃を誘い、世界の期待に添うどころか、まさにハルマゲドンの引き金になりかねません。

引き金といえば、皆さんは拳銃ってどうやって撃てば的に当たるか、ご存知ですか？　実は、私は刑事をしていたころ、拳銃射撃検定では「上級」を取得しているのです。具体的に言うと、一発の最高点は10点で、40発撃って400点満点のうち、380点以上を取らなくては上級認定はされません。

実はこの拳銃を撃つときの、必中のコツがあるのです。

検定上級取得者の私が、基本中の基本を伝授いたしましょう。

呼吸、目付け、手の内など、武道に通じるものがありますが、これは警視庁でも「極秘」に当たりますので、ここでは書けません。ただ、拳銃マニアじゃなくても常識で分かる話で言うならば、拳銃を撃つときは、拳銃の手元についている凹型の「照門」と、拳銃の先端についている凸型の「照星」と、その先にある「的」の3つが、一直線になっていないと、命中しません。

考えてみれば、当たり前の話なんです。

何でこんなお話をしているかというと、今、日本を立て直そうという動きが見られながらも、歴史をほっぽらかしにして、日本の未来を語る人が多いから、私は心配なんですよ。特に自己啓発系の考え方から「日本を良くしよう！」という考えにたどり着いた新しいタイプの企業経営者に、歴史を知らない人が多いような気がするのです。「過去は過去。歴史にこだわって波風立てるより、私たちは未来を見ていかないと、よい国を作ることはできない」という意見です。

しかし、先ほども申し上げたとおり、拳銃の弾丸は風の影響を多少受けながらも、「照門」の凹と、「照星」の凸がぴったり合ったわずかな範囲にしか飛んでいかないのです。

過去である照門（凹）と、現在である照星（凸）の先にこそ、標的とすべき明るい日本の未来があるはずなのに、過去である照門が左にひん曲がった拳銃で、現在と未来を見るならば、弾は大きく左に飛んでいきます。

これでは狙った先の的に命中するはずがないのです。

反日国家の都合で悪者扱いされた日本の歴史を正さない限り、私たちの子孫はこれからも頭を下げ続け、罪人の子孫にお似合いの未来にしかたどり着けません。

過去が曲がっていれば、今をきちんと見つめても、未来が曲がります。

着弾の予測さえ難しいでしょう。

あ、それからもう一つ、拳銃上達の秘訣は、安全に楽しく訓練することです。

あなたの夢の実弾が入っている拳銃の照門（凹）は、曲がっていませんか？

あなたには拳銃の照星（凸）が、はっきりと見えているでしょうか？

その「自由」は、混沌に向かっていないか？

その「人権」は、わがままではないのか？

その「平等」は、不公平ではないか？

その「権利」は、責任を回避してはいないか？

言葉の意味をしっかりと理解してこそ、その語る言葉に力が生まれるのです。

一つひとつの言葉の意味をしっかりと把握し、その時代ごとに見なおして、現実的な判断でベストを選択していくことが大切ですね。

第三章　平等社会は公平じゃない

平等社会の女性機動隊員

福沢諭吉先生は「天は人の上に人を造らず、人の下に人を造らず」と名言を残しました。そして今、人権活動家が福沢諭吉先生を持ち上げ、人権問題の矛盾を指摘されると、事あるごとにこの名言を引用します。

……が、ちょっと待てよ。

日本語わかってるんでしょうか?

その主語は「天」であり、人は向上心と個性がある限り、上下の「差」と、他との区「別」を生むのです。

つまり人間が作り出すものに、平等はありえないのです。

神様は人間に平等に命と死をくれますが、人間社会に命を得たその瞬間から、人は平等ではありません。栄養状態のいい母体に宿る子、金持ちの家に生まれる子供、貧乏人の家に生まれる子供。これらの状況と差異はみな人間が作ったものです。差別をなくそうと、今、日本の社会では「平等」が叫ばれていますが、この平等の定義をはっきりと把握せずに国産「世界市民」のたわごとに付き合っていると、警察だって引っかかっちゃうんです。

そんな現場のお話をしましょう。

例えば、機動隊における男女平等社会。実は私が以前勤務していた警視庁機動隊の実働部隊である中隊に、婦警さんが女性隊員として配置されたことがあったんです。機動隊の中隊といえば、当時は甲冑のような防具を着てジュラルミンの大盾を片手に、飛翔弾や火炎瓶攻撃やら、鉄パイプを使っての格闘など、情け容赦のない反社会的団体の暴力を正面から受けて立つ、若き精鋭の警備実施部隊ですよ。そんな仕事場に、女性隊員が配置されたんです。

まず、女性隊員は新隊員訓練についていくことができません。男子警察官でさえ何人かはゲロを吐いてぶっ倒れたり、人によっては逃げ出して退職しちゃうような訓練ですから、当たり前です。それでも彼女たちには、警察官としての意地があります。大きな掛け声をかけて隊列を乱すまいと必死に走る姿を思うだけで気の毒になります。「女だからってなめるなよ！」という感じで男子警察官と張り合う婦警さんなんて、ドラマにはよく出てきますが、実はそれほど多くはありません。

さらに、実務となれば、これまでとは違う問題が発生します。

警備現場では普通、機動隊員は輸送車の中で着替えをしたり、時には防具をつけたまま大盾を敷いて雑魚寝《ざこね》をしたりもするのですが、まだ若い女性隊員をそんなむさくるしい輸送車内に放り込むわけには行きません。そこで中隊に1～2名しかいない女性隊員のために、別の輸送車と、さらにこれを運転する隊員を準備することになります。おまけに勤務後のシャワー室は女性用を別に設けるなど、厚生面でもかなりの予算が必要だったようです。これは、言い方は悪いですが税金の無駄遣い。悪いのは女性隊員ではありません。むしろ彼女たちは文句も言わずに黙々と訓練や実務をこなしました。責任は、現場を知らずに「男女共同参画」などといった言葉に振り回され、女性に向かない機動隊中隊に女性を実働配置した当時の人事にあります。結局、女性では中隊での活動は無理ということで、現在はその特性を活かし、主に通信や広報などの内勤に配置されていますが、もちろん、中隊からはずされた婦警さんから、「女性であることへの差別だ！」という抗議の声は聞こえません。もとより警視庁の婦警さんたちには、男子警察官に差別されているなんて感じている婦警さんはいなかったのですから。あのまま男子隊員と同じ訓練や実務をこなしていたら、それこそ虐待です。一人の女性を脳みそまで筋肉質な男子機動隊員と同じように扱おうとした警察平等バカ幹部が悪いのです。

あ、ちなみに現在、「婦警さん」は俗称となり、正式には「婦人警察官」ではなく「女性警察官」となっています。「婦人」は女性に対する尊称であり、男性はさらに謙遜して「男子警察官」だったのですが、国語を知らない部外左側からの突っ込みに予防線を張っての呼称変更だったようです。彼女たちは今、「女性警察官」と呼ばれていますので、略称は「婦警」さんではなく、**「女警（じょけい）」さん……。**実際にそう呼ばれています。

婦警さんという響きは、どことなくやさしくて色気のある感じもしますが……。

「機動隊ジョケイ隊員」なんて、捕まったら拷問されそう。

……え？　そっちのほうが嬉しい？（笑）

すでに申し上げた通り、日本は言霊《ことだま》の国。私は色気のある「婦警さん」がいていいと思うのです。現在この「機動隊女警隊員」は、男性隊員がフォローしつつ幹部が性別を配慮する適切な入隊時訓練のあとは、広報課などその特性にあわせた配置で治安維持の一翼を担っています。

外国人取調べの「人道的」苦労

犯人の取調べにおいても「人権」という言葉はかなり偏った使われ方をしています。そして人権平等思想は今や警察の取調室にまで及んでいます。

まず、警察署の取調室なんて、暗く飾り気のない部屋の真ん中に事務机があって、その机にまあるい白色球の電気スタンドが載っていて、ちょっと不潔感の漂う刑事がたばこを吸いながら粗雑な言葉遣いで犯人を追い詰める、そんなイメージがありませんか？　私は実際に被疑者や、参考人を含めて1400回ほどの取調べを、自分自身で、あるいは通訳として立ち会い、こなしてまいりましたので申し上げますが、スタンドは置いてありません。あんなの置いて、犯人がスタンドを手に暴れだしたら危ないでしょ？　取調室の机の上には不必要な物は置かないのです。それからカツ丼も出ません。そんなの代金を刑事持ちで出したら明確な利益供与の誘導尋問になり、事件がひっくり返ります。

刑事ですら昼休みは10分ほどでそばを飲み込み（早食いが癖になっているのでほとんど噛まないようなスピードなのです）、1時間まるまる食べて横になって午後に出てくる被疑者を待ちながら残り50分で書類や資料を整理し目を通しますから、刑事自身がデカ部屋でカツ丼なんか食べません。私も事務所でカツ丼を食べたことは一度しかないし、しかもその貴重な警察人生ただ一度のカツ丼だって、「八丈島に密航者が上陸した」との知らせを受けて半分残してヘリに乗り込み、危なく腹に入れた分（半分で450円相当）もヘリ酔いで吐き出しそうになったんですから（笑）。

実際の取調室は、すでに皆さんの想像を超えています。

最近は人権、つまり「人の権利」という法的性格を超えて、人間社会にあるべき待遇を求める「人道的」なんて言葉も定着していますが、この、「人道的」な取調べとやらが、人権を無視した犯行の結果逮捕された犯人を喜ばせているのです。今、被疑者（犯人）の取り扱いにおいては、取調室で刑事は大声を上げてはいけないし、居眠りする被疑者を眠らないよう立たせてもいけないし、小突くどころか体に触れてはいけないのだそうです。

「事件を解決しようとしてやっているのに、ちょっと怒鳴ったり机たたいただけで処分食らったら、もう取調べなんて誰も出来なくなるよ」

と、私の先輩もグチってましたよ。

私も体験してきたから申し上げますが、中国人被疑者の態度はひどいですよ。質問しても「嘘八百」を超える「嘘千八百」状態で即答、徹底否認が当たり前な上に、自分でついた嘘をたびたび忘れて素に戻っちゃったり、嘘を裏付ける嘘を重ねたりもするので、とても複雑なんです。大体にして、取調べのはじめに名前を書かせるともう嘘の名前を書いていますし、答えに窮すると通訳の能力にケチをつけたり、突然日本語で「この通訳、言うは間違てる！」などと刑事に直訴したり、指紋の一致を突きつければ「刑事が細工した」とわめきだしたり、「お前あやしい、ワダシを犯人にするのつもりだなあ」などと通訳を犯人扱いしたり、証拠の動画を見せれば「ワダシに似てるの人だね～」とシラを切ったり、「生き別れの兄が日本で生きていた」と言って泣き始めたり、精神錯乱を装って叫びだしたり、壁に頭を打ちつけて自殺するフリをしたりしますから、こっちだって頭にきて打ちつける頭に弾みをつけてやろうかとも思いますよ。さらに答えたくないと寝たフリはするし、死んだフリもするし、叫びだしたり、うなりだして脱糞したりもするんですよ。本当ですよ。

警視庁通訳センターから理由を告げられずに中国人被疑者の通訳の交替を頼まれ、私が同席した取調べ時には、屁だけで事なき（？）を得たのですが……。

取調べ中の脱糞だなんて、柔道五段の刑事にだって止められませんよ。というか、剣道三段の私でも竹刀でカンチョーしない限り無理でしょ？

これはもう出した者の一本勝ち。前回は強烈な異臭により取調べは中断、取調室はしばし窓を開けて閉鎖となり、戦意喪失した民間の通訳が匙を投げた結果、私にお鉢が回されたようです。

それなのに「体に手を触れてはいけない」なんて、どうするんだよ**（手を触れても脱糞は止められませんが）**？

ちなみに私が同席したその前回は、留置係員がガニ股で歩く中国人被疑者の両脇を抱えて留置場に連れて行き、パンツを脱がせて後ろからホースで洗ってやったとのこと。

……もう人権以前の問題ですが、少しは犯人の尻にへばりついた大便まで洗う警察官の人権を考慮してほしいですね。そんな中国人被疑者の中には、かなり前から「人権」という言葉を黄門様の印籠のように使う者もふえてきました。

取調べ中でもタバコが我慢できないのです。刑事でさえ我慢しているのに。

「ワダシ、タバコ吸うのジンケンあるよナ！　タバコ吸わせろバカ！」

なんていうやつもいるんです。

が、これには人権アレルギーの刑事が勢い良く切り返します。

「なんだよお前、中国で人権なんてあんのか。おめえが他人の人権踏みにじったから捕まったんじゃねえか！　じゃあその『人権』ってのはなんだ、言ってみろよ？　あーん？」

「あ、ジ、ジンケンはな、ワダシ、好きのこと、するのこと……」

……だそうです。中国の民主化への道のりは、かなりけわしいですね、こりゃ。

人権尊重は利益供与？

最近の取調べでは、刑事が被疑者（犯人）にお茶を出してもいけないのだそうです。刑事は相手が犯人であっても、その人権を認めているからこそ自分一人で飲まず相手にもお茶を出すわけですよ。一息ついて、ホッとして、心を開いて楽になる。取調べでも、お茶にはそんな効果があるのです。

でも今では、お茶を飲んだ犯人から自供を得ると、「利益供与による自供とされ、任意性が危うくなる」という解釈になるのだそうです。つまり「刑事さんにお茶をもらったので、これは話さなくてはいけないと思い、真実を話しました」なんて犯人が裁判で証言すると、これは違法な取調べになりかねない、ということで、警察組織が人権派弁護士のツッコミを恐れて一歩引き、予防線を設定したのです。

但し「国費で購入したお茶を除く」とのこと。なんじゃそりゃ？

確かにデカ部屋のお茶には、会計係から渡される公費で購入したお茶と、刑事が自分たちでお金を出し合う係のお金で購入したお茶の二つがありますが、そんなの飲んで、

「今日のコーヒーはデカ部屋の香り……う～ん、違法な香ばしさに思わず自供してしまいそうです。（ニヤリ）」

だなんて「違いが分かる男」が逮捕されるわけないじゃありませんか？　曲でだって「シャバダ、シャバダ、ダ〜」って歌ってるし。

これだから、現場や実務を知らないベタ金階級の考えることは理解できません。さらに犯人の人権保護のため、現場も知らない国会議員たちが**「取調室の可視化」**が必要だなんて言っていますが、笑わせないでいただきたい。困るのは刑事じゃなくて被疑者ですよ。特に共犯事件が多い中国人犯罪では、自白の映像流出をおそれる犯人がビビって話せなくなるなど、試験運用の段階で、すでに事件解決が阻害されていることが実証されているのです。

中国人の報復は厳しいですよ。

日本人なら本人にしか仕返ししませんが、中国人の場合、裏切られた本人の親戚が、裏切った本人の親戚に対し、人脈を駆使して一族でいじめたり、排除したりもするのです。だからこそ、改心した犯人だって、カメラの前では自白できなくなるのですよ。

人権の押し付けが犯人の自白の自由を奪うほどに取調室が狂ってきているのも、人権派左翼弁護士の「功績」。今後被疑者はあっさりとシャバに出て、自分だけの人権謳歌のために、他人の人権を奪うでしょう。

ちなみに今取調室の机の下には、取調官側と被疑者側の間についたてが取り付けられています。刑事が足を組んだりしてコツンと当たったりした場合「蹴られた」「暴力を受けた」等と言われるのを未然に防止するためなのだそうですが、全国の取調室の机にこれを設置するだけでもどれくらいの税金が投入されているのでしょうか？　「人権だ」「平等だ」と叫んでも、それは叫ぶヤツのやりたい放題になったり、正直者が馬鹿を見る結果を生むだけなんです。

なぜだと思いますか？

それは私たちがよく目にする「人権」や「平等」という言葉を、誰も真剣に考えないからです。

改めてお聞きしますが、あなたは公平と平等の違いをご存知ですか？

公平と平等の違い

多くの人が「公平」と「平等」の違いをあいまいにしか捉えていませんし、そういう人が多いからこそ、私たちの社会は煙にまかれた逆差別や福祉犯罪を生み出し、容認してしまうのです。

まずはそこからはっきりさせましょう。

(1) 公平とは

お父さんが、会社帰りのお土産にバームクーヘンを買ってきました。家族はみんな大喜び。お母さんが、包丁を出して子供たちを食卓に呼び、バームクーヘンを切り分けました。お父さんは、疲れて帰ってきたから、１２０度。お母さんは、料理とお皿洗いもして、甘いものが大好きだから、１００

度。長男は食べ盛りでよく手伝うから、90度。次男は、まだ小さいから50度。

これが、**「公平」な分配**です。

それぞれの働きや状況に応じて、公正に分け前を決めるのです。

この分け前を決めるためには、その決定が公正であることを信頼するに足る権威ある存在が必要です。それがこの場合はお母さんであり、お父さんはお母さんへの信頼があるからこそ食料分配の権威を与えているのです。そしてお母さんはいつでも公正に評価してくれるという子供たちの信頼があってこそ、お母さんは奪い合いを発生させることなくバームクーヘンを分配し、おいしいお茶の時間となるのです。

つまり権威と信頼がないと、公平性は成り立ちません。

さらに公平からは、譲り合いが生まれます。１２０度のバームクーヘンを皿にもらったお父さんは、食べ盛りの息子たちに、またスイーツが好きなお母さんに、その一部を切り分けて与えます。するとそこにはまた感謝が生まれます。この分配も、それぞれ受け手の状況に応じて行われます。

そしてこの「公平」は必ずしも「平等」ではないのです。

（2）平等とは

では、平等とはどういうものでしょうか。

お父さんがバームクーヘンを買って帰ってきたところまでは同じです。

お母さんが包丁を取り出し、このバームクーヘンを4人で平等に90度ずつ切り分けました。疲れて帰ってきた、体の大きいお父さんも、家事をこなしたスイーツ大好きなお母さんも、そこそこお手伝いした長男も、遊んでばかりで体の小さい次男も、当然一人90度ずつ。これが**平等な分配**です。

お父さんは不満を感じ、お母さんは不足を感じ、長男はそこそこによろこびますが、次男は無理して食べて、胸焼けを起こします。それぞれの立場や働き、状況を無視して、機械的に分ければ、平等は成り立つのです。

「お父さん、これあげる、たべていいよ」

と食べきれない次男がお父さんに譲る場面があるかもしれませんが、それは譲り合いではなく、余分なものの処分。第一、そんなことをしたら、平等が崩れて、もらえない長男が文句を言いますよ。

「平等」には、権威も信頼も必要ありません。感謝もないのです。

お年寄りから赤ちゃんまで、働き者から怠け者まで、有能無能の区別なく「人間平等」と横並びを訴える、**権威のないバカな指導者には、まさにうってつけの解決方法**。

それが「平等思想」です。

まあ、今や労働者の権利とやらを追いかけて使命感を忘れた学校の先生自身、権威などとうの昔に失っているのですから、仕方ありません。

逆に権威を失った親や教師が平等を訴えるのですから、説得力がありますよ。では、本当に平等な社会は実現できるのでしょうか？　実はそれが一部で実現しているのです。

究極の平等な社会。それは刑務所です。

おかずやご飯が食べきれないからと言って、同室の誰かに与えることは許されません。受け取るものと与えるものに、上下関係を発生させるからです。受け取れなかったものの間に不満を発生させ、不平等を出現させるからです。そんなことをしたら、懲罰房行きですよ。

このように、刑務所内では徹底した平等が求められていますが、刑務所内の囚人房と同じことを、今や学校までもが子供たちにまで押し付け、教育しているのです。さらに学校では男女の平等性を重視して、学級名簿が男女混合の五十音順になってしまったのだそうですが、結局使い勝手が悪いので先生方はこっそりと男女別の名簿を作ったりしています。

共産主義国家がことごとく監視社会になり共産主義そのものが破綻するのは、こういう無理が生まれるからなのですが、そんな名簿をまじめに作るほどバカじゃないと思います。

学級委員長を優遇せよ

ちょっと今の学校教育がひどすぎるので、学校に合わせてお話をしましょう。子供たちが社会を学ぶ最初の集団生活は、小学校です。その学級を取りまとめる学級委員長のメリットとは何でしょうか。

みんなをまとめ上げるのは格好いいのですが、小遣いもらってやっているわけではないのは皆さんご存知のとおり。しかも学級委員長には表面上には見えない苦労があるのです。クラスメイトからは「学級委員長なんだからしっかりしろ」などと突き上げられます。先生からはこれまた同様に一同を代表して叱られることもあるでしょう。みんなと同じ悪さをしても、先生には「学級委員長のくせに」なんて余計に怒られることもあるでしょう。学級委員長になったからって、何もメリットはありません。

その上、「生徒はみな平等だ」などと先生に言われて評価もされないなら、「リーダーでありたい」、「みんなの役に立ちたい」というより、「俺が委員長だから、やらなくちゃいけない」というような焦りや強迫観念などの「負の想念」で動くことを刷り込まれたリーダーが生まれるのは、当たり前です。

そしてそういうリーダーは、全体のことを考えない他の生徒を見るたびに、羨ましくも愚かに見えてきたりもして、知らないうちにひねくれたエリート意識を持つこともあるでしょう。

私が学校の先生なら、たとえば給食でトンカツが1枚余っても、じゃんけんなんかさせませんね。間違いなく、この委員長に与えます。平等ではありませんが、これってえこひいきでしょうか？　いーえ、委員長は大変です。他の生徒のいじめを先生に報告するのだって、好きでやっているのではないのです。それを同級生から「チクリだ」「密告だ」と言われても、いじめられた生徒のために、クラスみんなの平和のために頑張っているのです。他の生徒が先に帰宅しても、学校に居残って生徒会委員会に参加しているのです。それがなぜ、とっとと帰ってゲームをして遊ぶ子供と同じ飯に甘んじなければいけないのか。給食の高級でもないカツ1枚くらい、いいじゃありませんか。それはえこひいきではなく、公正な評価であり、ねぎらいです。

平等ではありませんが、それが公平です。

その成果を評価することは、子供の特性を伸ばす上でとても大切です。

クラスのヒーローを評価せよ

でも、いい目を見るのは学級委員長だけではないはず。運動会となれば、足の速い子や体力的に優れた子がクラス対抗競技で貢献することになります。文化祭では、一番楽しく文化活動をした子が文化祭を盛り上げます。弁論大会では、一番想いが強く表現力の豊かな子がみんなを感動させます。部活動では、学級委員長とはまた違った能力でリーダーシップを発揮する子供が、他の児童生徒を引っ張り、盛り上げ、まとめ上げます。学校行事に限らず、普段の生活でも、たとえば一番目立たなそうな「生き物係」だって、生き物を世話することで、その生き物に触れる子供に安らぎと楽しみを与えます。そのほかにも、子供たちにはその個性に合わせた活躍の場があるのです。

学校という共同生活の中で、各自の特性に合わせ活躍の場を与えるのは、先生の力量です。それが個性を輝かせるのです。そしてそれぞれのタイミングで、褒めてやればいいではありませんか。ご褒美を上げてもいいじゃありませんか。当然その場では褒められない子供もいるはずですが、先生が「平等」ではなく「公平」に子供たちを評価すれば、子供たちは動き出します。

子供たちは、褒められたその評価と、自分の貢献した現実に密接な関連性を感じるからこそ、心から喜ぶのです。そして誰かに必要とされ喜ばれる自分を大切にします。たくさんの生徒に活躍の場を与え、その働きに応じて、たくさん褒める。そういう機会を見つけて子供に自信を与え、伸ばすことができるかどうかは、親や先生の器量の見せ所。当然、子供たちも褒められる頻度や程度には差が出ますが、それが「公平」です。

公平社会が生み出す納税の権利

納税は確かに法によって「国民の義務」とされていますが、本当に義務なんでしょうか？　国家は国民の納税によって財源を確保し、運営されています。国家に出資し運営している主役は、実は政治家ではなく納税者なのです。ところが税金を「取られるもの」と考えているから、主役はみじめな気がするのです。

なぜ取られるものと考えるかというと、国民はすでに社会の仕組みを「搾取する側と搾取される側」「利用する側と利用される側」という階級闘争史観的思考回路を植え付けられていて、納税者（搾取される側）と、税をもらう議員や公務員（搾取する側）に分類してしまっているから。だから公務員に対して「税金泥棒！」なんて言うやつがいるのですよ。

私も警察官時代には、正当な警察活動をしているはずなのにそう怒鳴りつけられることがよくありましたが、皆さんあまりご存じないようなので申し上げますと、警察官だけでなく公務員も税金を支払っています。まあ、そんなことはいいとしても、法律でまで税金納付を「義務」と規定し、これを国民に課しているというのは、ある意味悲しい話です。国家に関与し運営に携わることが名誉であるなら、**納税も名誉であるはずなのです。**

ところが、納めた税金以上の運営をしてくれる政治家を選ぶことができないし、そういう政治家はとても少なく、まさに税金泥棒のような政治家が政府を動かしている現実では、押し付けられる納税はやっぱり義務に等しい。つまり、日本には、喜んで納税するだけの魅力がなく、納税することが名誉とされるほどの価値もないか、国民に税金で運営されている政策や福祉の素晴らしさを感じるセンスや感謝の気持ちが欠如しているか、なのではないでしょうか？

納税が義務ではなく、名誉と感じられる世の中であってほしいものですよ。

２０１１年の8月23日、フランスでは政府から国民に増税の必要性が訴えられたところ、**富裕層が「われわれに増税せよ！」と声を上げました。**

これこそが高所得者の面目であり、納税者の名誉であり、資本主義社会における美徳。

政治家に企業献金という形で貢ぎ物をし、自社や特定事業に有利な法の制定を求め、売名なしには社会貢献せず、所得に比例した納税を合法的に回避しながら、時に納税額を自慢する、そんな日本の高所得者とは天と地ほどの差があります。

外国人参政権は公平か？

納税していれば外国人にも参政権を与えてよいのか？　外国人であれ日本に帰属することを決意した人は一定の条件が揃えば帰化が許されており国籍が与えられ、日本人となることができます。在日朝鮮民族などは民団や総連を中心に日本における地方選挙での参政権を求めていますが、**参政権は納税のあるなしではなく、主権の有無の問題です。**

彼らはすでに申し上げた様々な特権を手放したくないので帰化することもなく「我々は納税しているのだから参政権をよこせ！」と叫んでいるのです。彼らには祖国での参政権が認められており、彼らは祖国での主権者であって、日本の主権者たる日本国民ではないのです。

それはまるで、蕎麦屋に来て、店の人事に口を出すようなものといえるでしょう。

「俺は金を払っているのだから、うまいキムチを食べる権利がある！」

「厨房にキムチ作りのうまい職人を入れろ！」

「客には調理場の職人を選ぶ権利がある！」

彼らは人権を盾にして、そう叫び主張しているのです。

一言申し上げたい。

キムチが食いたきゃ焼肉屋に行け。

納税と外国人参政権は「主権の有無」という点で全く話が違うのです。参政権はその国の主権者、つまり国民が持ち得るもので、外国人が持つとその外国人は二つの参政権を持つことになり、本国に住む人間と比べ不公平な話になるのです。

助けを受ける権利を主張すれば、人の品性を落とします。助けに感謝し、助けがなければ工夫するのが人間です。

まず権利ありきの人権主義的解釈は、こうした勘違いをひきおこし、人間性を貶め、人間社会を様々な権利がぶつかり合う利害争奪の世界にするのです。

参政権も公平に

さらに言うなら、私は**参政権についても国家経営に不可欠な税金を納める納税者かつ主権者である**

日本国民に限るべきだとも考えています。

こういうことを言うと「経済的弱者に対する差別」だとか、「所得差別」だなどという声が聞こえてきそうですが、常識に合わせて考えていただきたいのです。

料理を注文するのはその席でお金を出す人であり、おごってもらうほうは感謝し目いっぱい食事を楽しむべきで、料理にケチをつけたり、勝手に注文をしたりするのはルール違反。「どんどん好きなものを頼んでください。今日は私のおごりです」という太っ腹なホスト役に「今日の飯はまずい」と不満をぶつけたり、「あなたじゃない人におごってほしい」「我々がおごってくれる人を選ぶ権利を行使するのは当然だ！」などと文句を言うのは大間違いでしょう？

選挙においては社会をよくする政治家を選ぶのは当たり前ですが、政治家だってボランティアじゃないし、その政治家たちが構成する議会だって、政府で働いている公務員だってボランティアじゃない。経済だって、お金を払って買ってくれるお客さんと、出資してくれる株主を大切にするのです。

社会がお金を出さない生活保護者にまで福祉を充実させているのはあくまで同じ国民への救済であり、サービスであり、弱者がそれを求める権利はあっても、国民の税金でその全てを実現すべき義務はない、でも助け合うのが理想、と私は考えます。

「国は俺たちを助ける義務がある！」「働いたら負け」「弱者を救済せよ！」などと叫ぶ生きのいい「社会的弱者」とやらが力強く吠えたりしていますが、それは**「権利ありき」の生き方を植え付けら**

れた、人権寄生種「偽装弱者」の雄叫びです。

デモに参加して声張り上げてるヒマがあったら、仕事を探せ。

……と申し上げたいのですが、実は彼らにはちゃんと日当が出ていて、彼らに住むところを提供しそれをビジネスにしている団体組織もあるのです。

公平バカも害になる

しかしすべてが公平であればいいわけでもありません。

私たちは人間ですから、すべて公平一律という物事の決め方には限界があります。この限界にさらに可能性を持たせるのは、日本で古来から培われてきた他の存在との共存思想、つまり「思いやり」を根幹とした道徳ではないかと思うのです。平等バカ同様、公平だけに徹する「公平バカ」も、やはり機械的で一面的な視点しか持ち合わせない危険性を持っています。

一つの目玉では対象物との距離が把握できず実態が摑みにくいのと同様、私たちは「公正」と「道徳」の二つの目玉で問題を立体的に把握すべきです。とくに社会福祉に関して、弱者を保護する法と保護を受ける側の道徳が、バランスよく並存することが大切ではないでしょうか。

具体的に言うなら、社会的弱者といわれる人たちへの保護を法で制定するだけでなく、保護される

側の「感謝」と、彼らを守る人の「奉仕」、そして奉仕する人への社会全体の「尊敬」を生み出し、奉仕できることを「名誉」とすることが大切だと思うのです。

こうした意識の変革があれば、保護される側は、偽装弱者に成り下がることなく、人としての誇りと感謝をもってこれを受け、なんらかの能力を形にしてみんなの役に立ちたいと思えるのではないでしょうか。

共産主義と社会主義の違い

公平と平等の違いについて、なんとなく把握していただけましたでしょうか？

では、もう少し進んで、共産主義と社会主義の違いについて簡単にお話ししておきましょう。

この二つは、国民の財産の一部もしくは全部を共有する制度であることは共通しています。その違いにはいろいろな定義がありますが、違いは平等な社会の実現方法にあり、一般的には共産主義には共産革命という暴力的手段が伴うこと、逆に社会主義にはそれがなく、あくまで政治工作等で多数派を形成し、また合法的に有利な状況を作り出して社会制度を移行させるという違いであると言われています。社会党は世界各国にありますが、社会主義、つまり暴力無き財産の共有化が成功した国はほとんどありません。むしろ文明未開の地の方が原始社会主義に近い生活をしていることがあります。

原始キリスト教も直弟子である使徒がまだいる時代は、当初そうしたシステムを維持していましたが、共有し貢献することが喜びではなく義務になってくると、そのシステムの維持は難しいようで、共有する財産が占める割合が減ってきます。現在はごく一部の宗教団体が実践しているのみといえるでしょう。

共産主義は皆さんご存知のとおり、暴力革命によって血で血を洗う大変な国難を招きますので、共産党の存在そのものを非合法とする国もあり、20年ほど前に共産主義体制を脱したポーランドなどは共産主義者のマーク、つまり農業を象徴する手鎌と工業を象徴する金槌が交差したマークの使用自体を禁止しています。

現在世界で共産主義体制を謳っているのは、中国とベトナムとキューバのみ、それでも完全な財産の共有化は実現できていません。ベトナムの共産主義はすでに形骸化して市場経済システムが取り入れられており、キューバは今も給料が一律化されていますが発展している様子などありません（キューバを走る車が昔のままの古い型なので、逆に希少価値が付き、海外で高値で売れるらしいです）。

その他の共産国家化を目指した多くの国々も、その行き着いた先は単なる独裁体制国家で、最終的に行き詰まり、政権が崩壊しています。中国なんか人民どうしで共有できているものなんて財産でも何でもなく、みんなで吸い込んでいるＰＭ２・５と社会不満、相互不信くらいではないでしょうか。

社会主義と共産主義、この二つは国民個々の財産の共有化を目標としており、その過程において不満が出ない「平等な社会」を目指しているところが共通しています。

しかし実はこれを実現しかけているのが、日本なのです。

すでに「男女平等社会」「男女共同参画」「機会均等」などの平等啓蒙と推進は公費で大々的に実施され、確実に根付いて、実現しかけた現場で発生する無理や無駄に矛盾を感じながらも、これらの言葉に疑問を持つ人はほとんどいません。4年ほど前までは元左翼活動家や極左暴力集団構成員でさえも官邸に出入りし首相のイスに座っていましたし、2014年12月の衆議院総選挙では暴力革命を未だ否定も反省もしない共産党が大躍進して議席を増やす始末。

その上、未だに神にしか成し得ない「人間平等社会」の実現を目指しつつ、不景気にも暴動一つ起こさない従順な国民は、世界屈指の衛生観念と無気力と無関心を維持しつつ、全自動で自らを洗脳し続けています。そして今、中国のように貧富の格差が広がり二極化しつつあるのですが、これぞまさに無自覚共産社会主義国の発展なのかもしれません。2014年11月10日、財務省は、国債や借入金などの残高を合計した「国の借金」が9月末時点で1038兆9150億円、10月1日時点の推計人口（1億2709万人）で割った国民1人当たりの金額は約817万円になったことを発表しました。

あれはもともと私たち国民に対する国家の借金であり、見方を変えれば私たちは知らないうちに赤ちゃんからお年寄りに至るまで一人あたり817万円ずつ集金されて、一部財産が共有されているのですから、立派な社会主義国家に生きているといえます。

そんな自覚なき「うっすら共産社会主義国家」日本においても、未だに権威を保ち徹底した公正を堅持しているシステムがあるのです。

なんだと思いますか？

それは、お金です。

お金の分別なき公平性

お金は、たくさん働いた人、たくさんの人に喜ばれた人、うまくチャンスをつかんだ人のところに、その働きと工夫に応じて入ってくるものです。残念ながらお金を稼ぐ人は、いい人ばかりとは限りません。逆に、たとえ善良な人であっても、働かない人、仕事で喜ばれない人、チャンスをつかめなかった人、工夫のなかった人のところへは、お金が少ししか回ってこないのです。

これが、一番わかりやすい「公平」であり、みんながその公平性に甘んじて生活しているのです。

そして残念ながら、日本には今、公平を担保するこの「お金」を超えた権威が存在しません。

しかし忘れてはならないことは、**お金の公平性に善悪は関係ない**ということです。

シャブの売人であっても、シャブ中の皆さんに喜ばれながら大金をせしめます。オレオレ詐欺で儲けたお金であっても、工夫のたまものです。騙し取った1万円も、汗水流して働いて稼いだ1万円も、流通価値は変わらないのです。

もう一度申し上げます。

善悪抜きでその人の働きを公平に評価するお金以上に権威のあるものは、現在の日本には存在しません。

これが問題なのです。

公平公正の意味を忘れた今の日本は、お金が「善」に勝る金権万能社会になりつつあるのです。お金を超える権威が存在しないこのような現代の人間社会で、子供たちは大人になります。大人になると、自分の働きに見合った評価をくれるお金にだけは絶対の信頼を寄せ、その権威を認めます。

そして資産の額はそのままその人の点数となり、出会った相手が金持ちそうに見えた角度だけ頭を下げます。

それは自覚のあるなしを問わず、拝金主義です。

いまや、「成功」と言えば「お金持ちになること」であり、実際に自己啓発を謳う成功読本の多くは、いかにしてお金を得るか、全自動でお金が流れ込む仕組みをいかに作るかを抜きにしてハッピーエンドはありえないと言わんばかり。地道な仕事で信頼を得るより、この仕組みを自動運転させることのほうが成功につながり、人生を豊かにする……と成功読本は説いています。

権威の否定で失墜した品格

なぜ、お金を超える権威が存在しないのでしょうか？　それは戦後の日本人が、家庭で、学校で、社会で、すべて平等であろうとしたため、お金以外に公平を担保する権威をことごとく否定したからです。

進歩的言論人を気取る当時の左翼は、戦後まず天皇の権威を否定して、世界最長の歴史を持つ皇室の権威を、市民と「平等」に引き摺り下ろした結果、そんな国に生きる私たち日本人の国際的ステイタスまで引き下げてしまったのです。これは世界的には全く理解されることのない精神的自殺行為です。どの国でも、その国を代表する王族の歴史というものは、喉から手が出るほどほしいステイタスであり自慢の種なのです。そういう意味ではむしろ、皇室より歴史の短い王室を持つイギリス人のほうが日本人より毅然としているように感じるのは私だけでしょうか。

さらに民間においては、警察官の権威が否定され、制服は平成に入ってから厳格さより親しみやすさや柔らかさを前面に出した森英恵デザインになりました。警察車両もパトカーを除き、威圧感のある「灰色&白」から、「ライトブルー&ホワイト」に塗り替えられて、お巡りさんは今やとても腰が低くてフレンドリー。取調室では態度の悪い被疑者に対しても、怒鳴りつけるなどの行為は厳禁、机を叩く、胸ぐらをつかむなど、もっての外、司法官憲でありながら権威を放棄した従業員スタイルに徹した結果、悪ガキどもは完全にナメてかかってきます。

今や制服警察官に反抗できることが、不良青少年のステイタス構築の目安にさえなっているようで、それでいながら刑事とは仲良くしたい。これも漫画やドラマなどのメディアの影響を強く受けているのでしょう。ちなみに刑事が偉いとか制服警察官が下などということは全くありません。持ち場の違いがあるだけです。メディアに左右されるなど、不良もずいぶんとカッコ悪くなったものです。

第四章　和の国とあの国の大きな差

「事実」から「真実」を見つけ「真理」を求める

円柱は上から見ると丸ですが、横から見ると四角でしょ?

それは「事実」です。

「事実」は見える角度の数だけあります。つまり人の数だけあるのです。まあ、斜め上から見れば円柱も楕円っぽく見えるかもしれませんが、それでもやっぱり円柱は円柱。

円柱が円柱であること、**それが「真実」です。**

「真実」はひとつしかありません(「真実はひとつだ!」……これが取り調べにおける、刑事の口癖です)。

ではその円柱は何のために存在するのか?

それが「真理」です。

これは神様が言葉を超えた世界で決めた話なので、正解は見えてきませんが、それを探ることに意義があるのです。さて一気に「真理」に飛ぶ前に、まずこの「事実」を認識する必要があります。

私達の国「日本」と、これを象徴する「国旗」「国歌」「天皇」という単語が並ぶと、どんなイメージが浮かびますか? 「軍靴の音が聞こえる」という方は一度心療内科か耳鼻科での診断をおすすめしますが、もしそれに近いイメージが浮かぶとしたら、それはなぜでしょうか。

嫌いな人が話す言葉は、聞いているようで聞こえていないものです。難しい話だと思ってしまうと、簡単な話も難解で理解しがたく感じるものです。

「国旗」「国歌」「天皇」という言葉に軍国的イメージを感じ、拒絶反応を起こしてしまう人がいるのはどうしてでしょうか？　誰がそういう感じ方をするあなたを作ったのでしょうか？　それはあなたが本当に自分で判断したことでしょうか？　あなたは誰にそうなるようにされたのですか？

悪いイメージは、事実を拒絶させあなたを真実に到達させない力を持っているのです。

カミとオミとタミで作られた日本

かつて天皇は「カミ」と呼ばれていました。

これは人類を超えた存在としての「神」ではなく、「上」という意味であり、かつては山城《やましろ》「守《のカミ》」、出羽《でわ》「守《のカミ》」なんてのもあったとおり、支配層であることを示す言葉であったりもしますが、今でも政府のことをお「上《カミ》」とよんだりもします。また、うちの「カミさん」、ホテルの「女将《おカミ》さん」、宴席の「上《カミ》座」、頭の「髪《カミ》の毛」など、いまでも「上」にある人や物を「カミ」といいますね。

神代文字の一つであるヲシテ文献を長年研究し、全国各地から発見されるこの文献を解読した池田満先生によると、その「カミ」の中でも現役の帝として「キミ」と呼ばれた天皇は、最初は栗の植栽で、後に稲の水田農法で、食糧の安定確保を各地に伝えたそうです。

昔は歴代の天皇・皇后が、例えば「イザナキ」ノミコトと「イザナミ」ノミコトと言うように、男が「木」であり、女は「実」となることからそう名付けられるのだそうで、「キミ」は本来、国の男女の代表なのです。そしてキミから稲作を学んだ人々が、田に生きる「タミ」と呼ばれるようになったとのこと。でも「キミ」が一人で村々を回り稲作を普及させるのはとても大変なので、その代理となる「オミ」を派遣し、古代日本国家の基礎を作ったのだそうです。

後に流入してきた漢字の「神」「君」「臣」「民」という字が、古語の「カミ」「キミ」「オミ」「タミ」と似た意味を持つことから、これらの漢字にはその発音が付され、これが訓読みとなりました。

ちなみに、漢字がまだ流入していないこの時代の古語には、文字だけでなく言葉の響き自体に意味があったそうで、この言葉の響きに漢字が組み合わせられたため意味が変化してしまい、本来の概念が失われてから言霊の力は落ちたのだ、と池田先生はおっしゃっています。

いずれにせよ、そんなところからも、古代日本において身分の違いはあったにせよ、人が人を大切に思う相互尊重の思想がすでに生まれていて、当時のキミは決して武力だけで治世の基盤を作ったのではなかったことを物語っています。

そしてキミは、タミに伝え、ともに行った田植えを「新嘗祭《にいなめ》」として残し、現在は「勤労感謝の日」とされながら、陛下もこの日は田植えの儀式をなさいます。

「キミ」たる天皇の存在意義

キミはタミやオミのためにカミに祈り感謝し、タミを取りまとめるオミを任命し、権力を与えます。タミはキミの権威を厚く支持し感謝して、オミはタミのために権力を行使し、キミを守り、その期待に応えます。逆にオミはキミの権威を無視できませんし、キミの権威なしにタミの統治はできません。

その連続した歴史は、皇統という万世一系の天皇を中心として今につながっているのです。

カミ・キミ・オミ・タミの関係は、図にするとこんな感じでしょうか（158ページ参照）。

天皇は、人々に敬われることはあっても恨まれることはほとんどなかったため、かつてはその御所に堀を構える必要さえなかったそうで、武力をもって頂上に上りつめた歴代の支配者ですらその権威を無視することはできませんでした。

世界広しといえども、皇室以外に武力なしで威力のある首長は、バチカン市国の首長たるローマ教皇くらいで、その体制も先に示した図に似ていますが、教皇は血統ではありません。また、その歴史の連続性を考えてもイエス・キリストの直弟子である使徒ペテロからで、皇室の歴史には及びません。

日本の皇室と国家の体制は他国に例がないのです。

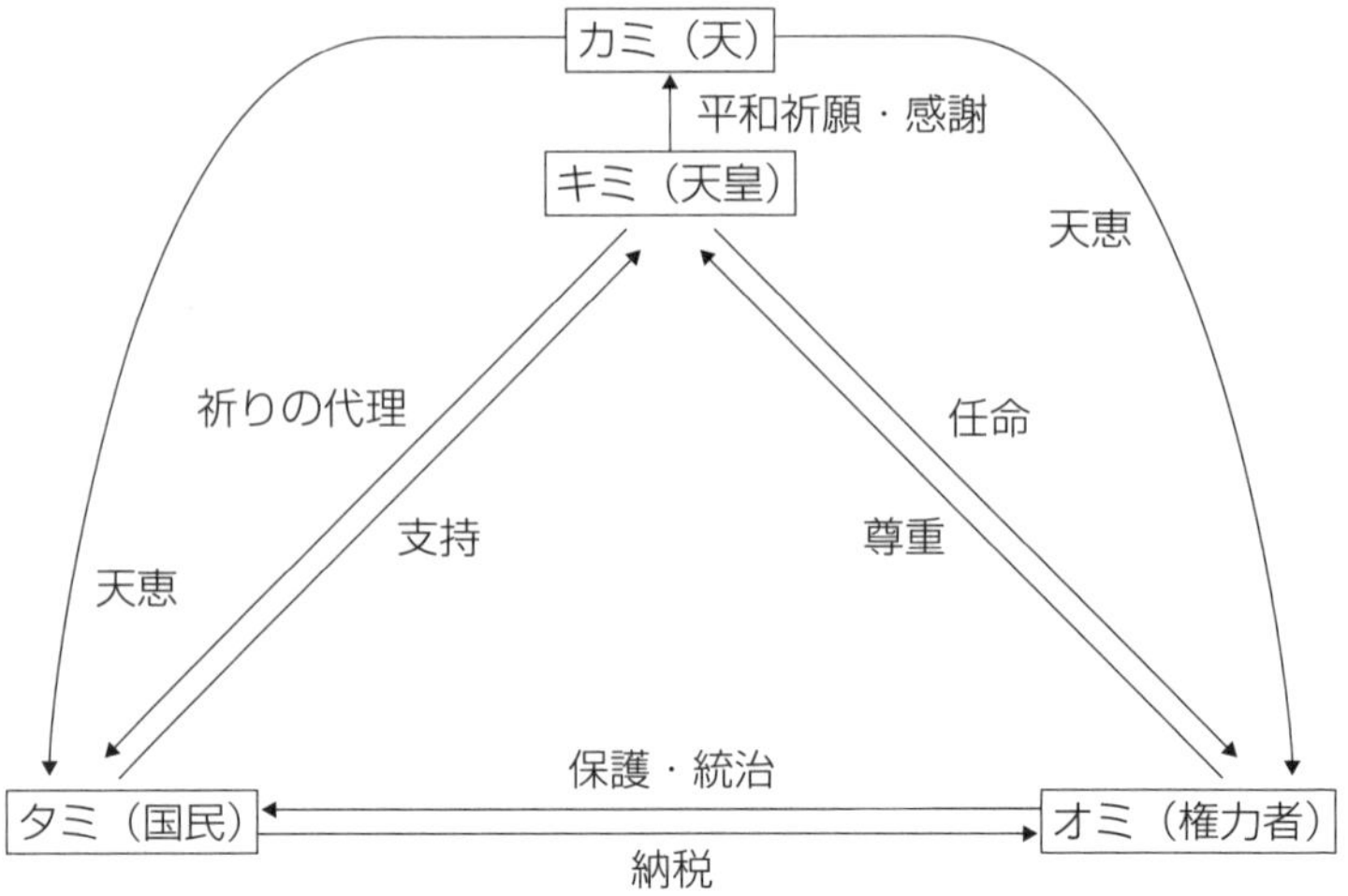

父親の葬儀では位牌に香を投げつけ、大人になっては足利将軍を追い出し、延暦寺などの大宗教団体を山ごと焼いて大量虐殺を敢行した無神論の独裁者「第六天魔王」こと織田信長公にとってでさえ、天皇は不可侵の存在でした。

今でも世界は、この天皇という存在、侍の国であったという歴史を抜きに日本を把握できないのです。

漢字の「国」の成り立ち

世界一のベストセラーとして不動の地位にある聖書の「ヨハネの福音書」には、その出だしからこう書かれています。

「初めに言《ことば》があった。（中略）言《ことば》は神であった。」

翻訳の経過で、この「言」は、古典ギリシャ語では「λόγος」だそうですが、これは本来私たち日本人の概念にないので、一つの日本語の単語にするには難しい言葉でした。アルファベットで「Logos」となるこの単語は、神としての人格を考慮し表現すると「語られる力ある言葉」であるらしいのですが、最終的には「言《ことば》」が一番適している、とされたそうです。

いかにも言霊の国である日本らしい名訳です。

他国を分析してみても、やはり言葉はその国柄を作り、国柄が言葉を新たに作っていることを実感します。

たとえば、今私たちが使っている漢字は、古代支那大陸王朝の後漢（西暦25年〜２２０年）末期に開発された「楷書」を起源としていますが、この文字は文字生産国の成り立ちや国家の意識を今もよく表しています。

現在日本の正式な漢字でも、「クニ」は「国」の文字が充てられていて、誰もこれに何の疑問もなくこの漢字を使っていますが、本来は「國」でした。この「口（くにがまえ）」の中にある「或」は、「戈」により「口」を満たすために生まれたことを意味しています。「土」地から食料を生み出すために生まれたそのエリアを「域」と書き、戈によって勝ち取り、これを囲って確保したのが「國（くに）」で、その入り口となる門が「閾（しきい）」になったことを漢字は物語っています。

今は兵士の武器が「戈」から銃に変わりましたが、中華人民共和国初代国家主席の毛沢東は「権力は銃から生まれる」なんて言っています。国が武器から生まれたことを示す漢字の成り立ちを勉強していたかのようですが、そのようにして国を「手」にすることを「摑」と書き、日本では「つかむ（摑む）」と読みます。さらにこのエリアに下心が生まれると、国のたがが外れて人々が「惑」います。

正に今の中国の状態を示しているような気がしますね。

しかしすでに説明したとおり、日本ではこのクニの成り立ちや存続の体系自体が違います。このため、漢字表現や訓読み（大陸から流入した時の発音に似せた日本語の読み）に偏ると言霊の力は失われてしまうのだそうです。現在、日本でも中国でも、「クニ」は、「王」がその権威や財産を示す球を持つ宝石の形から生まれた「玉」という字が、エリアである「口（くにがまえ）」に入った文字「国」となっていますが、我が日本の実質的元首として世界が認める天皇陛下は、この国を戈や銃で治めているわけでもなく、宝珠を手に転がして権威を示すような王でもありません。

武器や宝器がなくてもその権威を八方に示すという点で、日本における「クニ」の字には「圀」が合っているような気もしますね。

突き詰めれば、日本産の言霊と古代支那大陸産の漢字は相性があまり良くないのかもしれませんが、逆に、漢字の流入に際し日本がその国柄を表した文字をひとつご紹介しましょう。

それは、「優」です。

たくさんの漢字とともに流入してきたこの文字に、古代日本人は、「すぐれる」と共に「やさしい」と読みを振りました。当時の日本において「すぐれる」ということは、武力を持つより「やさしさを持つこと」だったからでしょう。

　もちろん優しさだけでは子育てさえできませんが、優しさを第一とするそんなところにも、今も昔も日本人は武力ではなく、思いやりと共感で社会を動かしてきた様子がうかがえます。

和の国

「和を以（もっ）て貴（とうと）しとなし、忤（さか）ふること無きを宗（むね）とせよ」と聖徳太子が十七条憲法を制定してから、私たちは私たちの国を漢字一文字に表すときに「和」の字を使います。ちなみに最初は「魏志」倭人伝などに見られるように、「和」ではなく「倭」と書いていたそうですが、これは大陸側の中華思想による蔑称であり、「背が低い人」という意味だそうです。この「倭」をもって「やまと」とも読みますが、さすがにこのバカにされたような意味を知ったからか、日本は「やまと」を「大和」と書き、「わ」の発音から「和」に改めました。

　ちなみに中国語でも、「和」は「と」にあたります。例えば「弟弟和姐姐」は「弟とお姉さん」という意味で、「和」は事物と事物のつながりを表しています。

　日本社会は、人が人として生きる上で、この「和」の心でつながりを持つことが必要とされ、今に至っています。この「和」を接着剤として人と人との間に社会を作る日本なりの人間社会ができたのです。

一方、中国人の国

私は高校卒業後18年間を警察組織で働いていましたが、その半分は北京語を使う通訳捜査官や刑事としての勤務でした。その中で**中国人の帰属意識について分かったのは、例えば東北人、北京人、上海人、福建人などの都市や地域ごとの仲間意識はあるものの、地域を超えて、同じ中国人であるという意識は彼らにない、ということ**です。特に中国の9割を超える「漢民族」と言われる人々に関しても、中国語の方言以上に異なる地元の言語（上海語、福建語、広東語など）の違いがあり、これを超えての仲間意識はありません。

上海人は「北京人と俺たちは違う」と言いますし、北京人は東北人を見下していて、上海人は「福建人どもは中国人ではない」と言います。彼らの帰属は国ではなく、地方にとどまるのです。つまり中国は「国家」というより共産党権力者の「統治エリア」に過ぎず、中国人同士も同国人意識がないのです。これらをかろうじて結びつけるのが、「反日」「反米」などに見られる、敵の存在だけ。団結するために敵を作り、敵がいるから戦い、戦うからには勝たなくてはならず、勝って取り込むために強権政治を行い、団結に反する者たちを粛清し、団結するためにはまた敵を作り、敵がいるから戦い……という「負の想念」を繰り返していることは、あの国の歴史を学んでみればよく分かります。

ちなみに最近の中国人の一番の敵は、金持ちと共産党だそうですが（笑）、仲間意識より負の想念で意思統一し、負の連鎖でつぶし合いながら拡大するのが今の中国なのです。

だからこそ中国を取り囲む領土領海を接する国々とのトラブルが絶えません。

具体的には尖閣諸島問題では日本と対立していますが、他にも、台湾、ベトナム、フィリピン、マレーシア、ブルネイ、インド、パキスタン、韓国、北朝鮮など、ロシアを除く全ての国と、領土領海問題が発生し、最近は国内でもテロが多発しているなど、まさに内憂外患の状態です。

なぜロシアとは安定しているのかというと、政治的均衡を保っているという理由の他に、中国との国境地域のロシア人たちが「中国人の入植は侵略そのものである」という危機感を共有しているためで、その毅然とした姿勢が民間を装う間接侵略さえ許さないからだそうです。

逆にロシアは日本に対し国民レベルでは極めて親日的で、国家としてはかなり狡猾。これはこれで注意が必要ですね。

国際化社会においてはその隣国は大きな影響力を持ちますので、それが大国であれば、その実情を知らないで快適な生活を確保し守ることは難しいでしょう。

では、現在の中国がどういう状況にあるのか、もう少し詳しく見てまいりましょう。

ミサイル対策になる大気汚染

２０１２年の反日暴動までは、中国が行き詰まっているだなんてほとんど報道されなかったどころか、「中国経済が世界を席巻する」とまで評する評論家の本が書店の中国コーナーを占めていましたが、世の中の流れはすっかり変わり、中国礼賛本を書いていた評論家も今ではそんな過去がなかったかのように中国滅亡論を書いています。中国人被疑者と実際に接し、中国が国家とはいえない状況であることを取り調べから感じていた私には、これら評論家の急ターンがお笑いレベルなのですが、こうした実際の中国を知らない評論家の論評が主流を占めている現在の日本の報道は、笑い事ではありません。誤報と虚報をごちゃ混ぜにしている朝日新聞は別として、責任追及を恐れる情報発信局は確度の高いものと話題性があるものしか報道しませんので、必ずしも必要な情報のすべてが日本側に届いているわけではありません。その限られた情報と机上の中国論の中に、中国の今後を見出すことは難しいでしょう。

中国の社会問題は、どれをとっても日本より深刻で、その多くが全く解決の糸口すら見えていません。昨今の大気汚染は地球の寿命を25億年分、中国人の平均寿命を５年、労働時間を８分の１ほど減少させていると言われ、首都北京の空気品質指数は６段階の最悪レベル、２０１３年12月にＮＡＳＡ

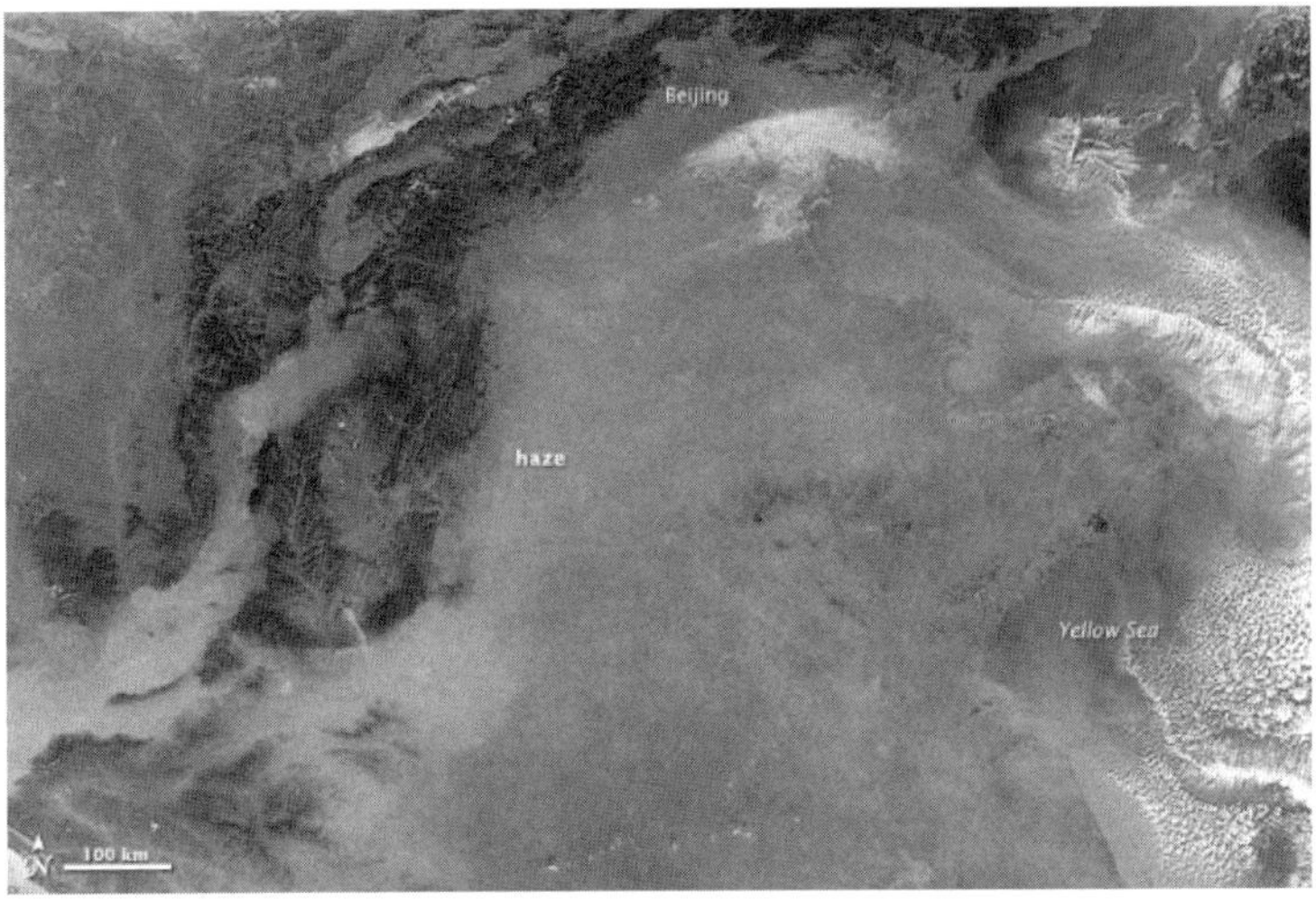

地球の寿命を25億年減少させる中国の大気汚染

が北京上空を撮影した衛星画像もご覧のとおりです。

中国人ネットユーザーが「これはアメリカのミサイル攻撃を防ぐ作戦である」「我々は共産党のお陰でまた鍛えられ、強くなる」などと自虐コメントを入れていましたが、「そうかもしれない」と納得できるレベルです。海岸線も不明瞭なのでどこを写したのかを説明しますと、画像の上部にある「Beijing」と書かれているあたりが北京で、右下の先が上海です。この大気汚染ガスこそが、他人のために排ガス処理にお金をかけるより、自分のための利益を優先する、中国人個々が作りだした実体なき現代中国そのもの。その国民性から生まれる社会問題は多岐にわたり、手のつけようがない状態です。

深刻な飲み水確保

空気だけでなく、水も問題は深刻です。

水不足は作物に影響し、収穫高を減少させ、生命維持をも危うくさせ、疫病をはやらせます。

さらに、少ない水を大量に使う工場は、ペンキか？　と思うほど濃い色の工業排水を排出しますが、日本人のように全体を考える習慣がないので、自分だけ自主規制しようだとか、周辺住民のことを考えて控えようなどという結論にはなりません。工業排水の処理に金をかけるくらいなら、より多くの水を確保して生産高をアップし、利益を出すのが第一です。どの工場もそうやって利益を確保しているのですから、他人が水を確保できないなんて知ったこっちゃありませんし、他の工場よりも多くの水を確保しなくては取られてしまうのです。

自分の思考回路で他人を推し量り、それに勝つための生存競争を展開するのですから、利潤第一で、勝ち残りが最優先。

こうした考えが、中国の水不足と水質汚染を加速させ、その結果、なんと中国の地表水の4分の1が重度汚染されているとのこと。

宗教団体「法輪功」の信者が多く所属し運営される「大紀元」の日本版では、２０１０年（平成22

年）７月27日に、ＢＢＣ中国語サイトの報道として、中国環境保護部の発表を報道しています。

それによると、２０１０年前半の全国環境質量状況報告で中国の汚染状況は深刻で、特に地表水の汚染が深刻とのこと。全体としては中度の汚染で、４分の１は工業用水の基準にさえも達していないそうな。中国国務院に付属する環境保護部によれば、全国各地で採集したサンプル分析の結果、飲めるレベルの地表水は全国で約49・３％、工業や農業用水にしか使えない水が26・４％、深刻に汚染されてどうしようもない水が地表水の24・３％を占めるのだそうです。

２０１０年９月10日には全国人民代表大会のメンバーが、

「北京の水資源が危機的で、この事実は国家指導者たちが知っているだけで、北京市民には知らされていない。長江は世界一長い下水道と言われていて、地下水は90％が汚染されている」

と話しているとのこと。

なぜ地下水まで汚染されているかというと、中国の工場経営者たちは水質汚染対策として排水規制をかけられると地中深く井戸を掘るようにボーリングし、そこに汚染水を流し込んでごまかしてきたからです。当然ながらかなり深くまで掘ると地下水脈につながってしまうのですが、中国は山と海とが遠いため高低差が殆どないので地下水はゆるやかに２０００年から３０００年かけないと濾過されません。そこに汚水を流し込んでいるわけですが、当然ながら地下水を汲み上げて飲用できるほどに自然濾過がなされるまでには、これまた３０００年はかかると言われています。ちなみに地表水も大問題で、北京は11年連続の旱魃で、１９６０年代から建設された80以上のダムにはほとんど水がないそうです。

　まあ、河川流域や沿岸地帯では全国で2万１０００を超える化学工場がガンガン操業して汚水を出していますから、汚水で汚れた土地がきれいな水を生み出さないのは当たり前。すでに川や湖の70％、都市の地下水の90％は汚染されているとのことですので、残るきれいな水を確保したい気持ちも分かります。しかもこうした汚水発生源となっている工場が警察や政治家とつるんでいたりすると、住民が抗議運動を起こしても効果はなく、逆に猛犬や地元暴力団まで投入されて鎮圧されたりもします。

　こういう状況ではその水を使って生活するしかないのですが、カドミウムや鉛、砒素が基準値を超えて検出される水域も珍しくはないし、当然こうした地域では深刻な人体への影響が出ています。

　２００９年2月1日、国営英字紙「チャイナデイリー」が、国家人口・計画生育委員会副委員長の話として伝えたところによると、、中国で毎年生まれる２０００万人の子供のうち、先天的身体障害児や奇形児が80万人から１２０万人存在し、山西省が全国一だそうです。

　具体的には、生まれながらにしてミルクを飲めない口唇口蓋裂や、先天的脊柱断裂を持つ赤ちゃんが増えているとのこと。

　また、基準値の２９５倍の砒素が検出された、北京近郊を流れる鮑邱河流域の村は、がん多発村となり、白血病やがんで多くの村民が死亡しているそうです。

山東省東明県では、数万人に甲状腺がんの発症が疑われたそうで、村が「シクロヘキサノン」を製造している工場を相手に陳情を出したところ、当局に因果関係を否定されています。

湖南省瀏陽市にある工場ではインジウムやカドミウムを違法に製造していたら、周辺の草木が枯れ農作物が実らずに、村民3000人のうち500人余りの体内から基準値を超えるカドミウムが検出されたそうで、カドミウム中毒で死亡する人が非常に多いのだそうです。

河南省開封杞県ではコバルト60が検出、つまり放射能漏れが発生しているそうで、県全体で大パニックになったとのこと。末期的です。

水不足は北京だけでなく、中国全国の主要都市660のうち、400を超える都市で発生しており、さらに110の都市は非常事態となっているそうですから、深刻です。

アメリカのブッシュ元大統領は、中国を訪問する際にはいつも飲料水を持参していたそうですが、2008年に広東省商工局が全省で行ったペットボトルのミネラルウォーターの抽出検査では、64パーセントのペットボトルに基準値を超える大腸菌などの微生物が混在し不合格となっています。水道水が危ないからといってペットボトルなら安心できるかというと、そうではないのです。大統領のように自国から持参すべきかも。

何でこれほど水が不足しているのでしょうか?

中国文明の発祥の地である長江はいまや水が干上がって、水運に支障を来し、航行する船舶の座礁事故が絶えません。水域によっては、座礁事故が発生しないのですが、それはもう完全に水が干上がって座礁以前に航行できないからです。

その原因の一つが、人類史上最大の治水大工事と言われる三峡ダムなのです。

世紀の失敗遺跡、三峡ダム

中国人は何かと壮大なものが大好きですが、私が考えるに、これは4000年の歴史（とは言うものの、王朝はまったく分断されているので、異なる民族の存在の連続にすぎないのでは？）と、広大な領土（特に万里の長城）という時間と空間の広がりを誇りとしているからだと思います。

中国人は何事にも大きいことは偉大なことだと考えていますから、細かいことは気にしないでとにかく突き進む、という点は国家も個人も同じ部分があります。

特に最近の一大事業としては、「三国志」の舞台も沈めて実現された三峡ダムがありますが、あれ、最近話を聞かないですよね。

中国は、都合の悪いことについては沈黙するので、忘れてしまえばなかったことになりますが、脱線後埋められそうになっていた中華新幹線より大規模な話ですので、今回はそこを調べて掘り起こしてみました。

なんと、三峡ダム計画、失敗に終わっていたのです。

この計画は海抜175メートルの高さまで水位を上げ、長江とその途中に設けられた閘門（船の水位を調整して船を通す水門）を使って、船を上海から重慶に直行させることができると見込んだ計画でした。そのためには、1万トンを超すの船隊（つまり3000トンの船が4隻連結されたもの）が通過・寄港できるだけの水位まで上げるために、通常貯水位を海抜175メートルまで上げなければならなかったのです。

水位を145・27メートルから156メートルまで上げるのに9日かかり、60億立方メートルの水を必要としながら、2008年10月7日、水位は156メートルに到達。水位175メートルまではあと221・5億立方メートルが必要だったのですが、まもなく160メートルに達しようとしたとき、思わぬ事態が発生したのです。

ずっこけないでくださいよ。

水をためるには、当然のことながら川の流れをせき止めなくてはいけないのですが、三峡ダムが水をせき止めたため、長江下流の水深がガタ減りしてしまい、下流が過去100年で最低水位を記録して、水運に支障をきたしてしまったのです。ずっと下って宜昌下流の葛洲ダムにある閘門が水不足では、三峡ダムまで上がってくることができないどころか、船が座礁してしまいます。ノアの大洪水みたいなことが起こらなければ、これをクリアする方法はまったくない……とも思われましたが、なんと、それ以前に、目標とする1万トンの船団が長江をさかのぼるに際して通過するいくつかの橋は、3000トンの船が航行可能な水位になると、今度は橋脚が低すぎて通過できないのです。ノアの大洪水でもダメなのです。

こうして巨額の国家予算を投入し、遺跡や古代都市を含む多数の民家を水没させて、三峡ダムは計画通りの水位と発電量を確保する前に断念。それでも電力需要をカバーするため、無理な運転を続けざるを得ないのです。

まあ、収入格差や党幹部の腐敗、さらに貧困層を追い出して都市計画を推進したりしている中国政府が、いまさら「失敗しました」だなんて口が裂けてもいえません。考えれば分かりそうな、こうした部分を考えず国家予算をぶち込む中国って、やっぱりスケールがでかいですね。

おまけにその上流にある重慶の汚水貯めと化した三峡ダムが崩壊した場合、想定では下流に鉄砲水や地すべりが発生して2000万人の死者が出るだけでなく、1億4000万人が被災してこれを利用している4億人に影響が及ぶそうですが、実はこのダムをインドがミサイルの標的にしているのだそうです。中国は戦争をする前に、このダム破壊の被害を減らすため、貯水の放水をしなければいけませんが、何ぶん大きなダムですから、大規模な放水が始まったらそれは戦争の合図。おまけに普段から民主活動家を始めとする反政府組織のテロ破壊活動が予測されるだけに、この三峡ダムはもう中国のアキレス腱となっているのです。

これだけ都合が悪けりゃ、中国国家も中国人もみんなが忘れるまで沈黙するしかないでしょう。

まあ、中国はすでにバブルの崩壊が始まっていますので、災害を含めた何らかの形で工場の操業が止まれば水も空気もきれいになるし、少しはましになるかもしれません。

そうならないと中国は逆に滅びますよ。

中国人も逃げ出しはじめた中国

中国の改革開放政策は、「豊かになれるものから豊かになれ」という鄧小平の号令で始まりましたが、その鄧小平の息子や孫一族は2013年6月、1000億ドル相当（日本円で10兆円）の資産を海外に移して国外逃亡し、現在オーストラリアの別荘にいるのだそうな。

今や「逃げられるものから逃げろ」とばかりに、身がヤバいと感じたものから身分にかかわりなく海外に足場を作り、家族と資産をまず先に移しています。

この逃げる気満々の「赤裸裸《チールオルオ》」な様子から、彼らは「裸官」と呼ばれていて、2000年から2011年にかけて海外逃走で逮捕された公務員は1万8487人に上ります。2011年までの5年で国外逃亡者から差し押さえた持ち出し金品総額は541・9億元に上りますが、未逮捕分は含まれていません。「裸官」は現在中国国内に118万人いますが、その対策を立てるべき党中央委員204人のうち91％が家族が海外に居住しているか外国籍を取っており、こうした実態を監視する中央規律検査委員会127人のうち、89％が親族を海外に持っています。

習近平率いる中国共産党は、党内で主導権を争う江沢民派や、「民主化」の意味も知らずに盛り上がる民主化要求勢力と戦い、経済状況を偽りながら、「最大の世界市場」「最強の国家」であることに夢中です。日本人の概念で言うなら、情報操作と弱肉強食原理で動くこの国はすでに国家ではなく、単に共産党の支配が及ぶ統治搾取エリア。中国人が来日後に公衆道徳より自分の都合を優先するのは、人生は出会いというより勝負であると考える生存競争社会を、彼らなりに真剣に生きているからです。

日本より深刻な隣の放射能

さきほど河南省で放射能漏れ事件が発生しているというお話をしましたが、環境汚染は放射能漏れまで列挙するとかなりの数に上っているようで、あるネットユーザーが東日本大震災直後の福島第一原発事故当日、東京から上海に帰国し放射線量を測定したところ、上海の放射線量は0・31マイクロシーベルトで、東京の0・13を大きく上回っていたそうです。

中国国内における報道規制はその国家としてのメンツを重んじるあまり、自国民の安全をおびやかしかねない重大なものを隠しています。特に放射能問題は国際的影響力が強いため隠蔽されがちです。

２０１３年7月29日には大連で原子力潜水艦の放射能漏れ事故が起きたという情報が流れて、中国政府がネットでの検索を切断したり、８月11日には四川省の省都成都にある中国原子力研究院研究所が出火して黒煙が上がっていたりしていますが、これも中国国内ではほとんど報道されず、当然日本では全く報道されていませんから、もしかしたらこうした知られざる放射性物質やら有害物質は私たちが考えるより多く日本に飛んできているのかもしれません。

放射性物質についてはさらに決定的な検査結果が出ています。

実は原発事故の現場である福島に隣接する茨城県は、同県内に飛散している放射性物質に関して、福島第一原発が原因ではないとの結論を出しているのです。

東日本大震災（２０１１年3月11日）から約1年後の2月17日（金）の「茨城新聞」の記事によると、県内10の市町村で検出された放射性物質の中にプルトニウムが検出され、事故との関連の裏付けとなるストロンチウム89が全地点で不検出だったことなどから「過去の核実験などの影響ではないか」という結論に至っているのです。「健康に影響はない」とはしていますが、問題は他国の核実験によりプルトニウムが検出されるほどの放射性物質が飛んできているということです。

これは福島に隣接する県の公式見解です。

なのに、これも茨城県民ですらほとんど知る人はいないようで、ネットでも検索しないと話題にも出てこないなんて、タブーなんでしょうか。原発反対派のみなさんには誠に都合の悪いお話であることはわかりますが、過去の核実験……どこの核実験かまでは、さすがに茨城県も言えないようですね。

※参考　http://ibarakinews.jp/news/news.php?f_jun=13294014152654

しかし、東日本大震災から9日後の3月20日に、韓国ではビョンジェイル教育科学技術委員会委員長が、〝人工的核活動によって生成される放射性物質が中国からの黄砂に含有されて、朝鮮半島で検出されている〟と明らかにしています。

原発事故の影響でその周辺からだけ高濃度の放射性物質が検出されているならまだ私も理解できますが、こうした事実に触れず、この事故を利用しようとする勢力が放射能より深刻な風評被害を拡散していることも事実。そしてそれに乗じて極端なエネルギー政策の転換を訴える政治的主張を持った団体や個人が太鼓たたいて笛ふいて国会前でおどりを踊っているのも事実。

ついでに申し上げるならば、実際に地震直後に福島第一原発の異常が明らかになった3日後には黄砂が吹き、福島とは当時の風向きから全く関係のない長野などで放射線量が上がっていたことも事実。放射能漏れの危険を伴う原発を敵視する前に、これらの事実を多角的に検証し放射能の出所そのものや、反原発団体、また推進派のねらいを分析することも大切ではないでしょうか。

韓国が狙う原発市場

日本は外交戦略というと世界に貢献することで日本の地位を認めてもらうことを考えていますが、諸外国の「外交戦略」とは、そのまんま「戦略」、つまり優位を占めるための戦いそのものです。そして特に中華・小中華社会においては、自分を高めることより先にまずは相手を落とすことを考えているように私には思えるのですが、皆さんはそうは感じていませんか？

だからこそ、原発の是非に関して、私は皆さんにもっと冷静になって考えていただきたいのです。なぜ、「反原発」と「原発推進」の両極端でしかその意見を表明しないのか？　それこそがまさに戦略的に日本の成長を止めようとする韓国の狙いです。その前に、まずは原発をやめたドイツが今どうなっているのかを知るべきです。

東日本大震災以降、震災を契機に脱原発を宣言し、環境立国の成功例としてよく取り上げられるドイツですが、太陽光発電への切り替えは思うように進んでいないどころか急速にしょげている模様。2000年に再生可能エネルギー法を施行し、太陽光発電をはじめとする再生可能エネルギーの「全量固定価格買い取り制度」（FIT）を導入したのはいいのですが、電気料金の高騰に苦しんでいるというのです。再生可能エネルギー法を2012年6月末に改定、太陽光発電買い取り価格を20～30%引き下げて、太陽光発電の累計設備容量が5200万キロワットに達した後は、太陽光発電の買い取りを中止することを決めたとのこと。ドイツの太陽光発電はすでに設備容量が累計で2700万キロワットに到達しており、2016年にも5200万キロワットに達すると言いますから、設備投資して発電しても、あと1年で電気には値がつかなくなる、ということです。

参考：http://www.j-cast.com/2012/09/08145501.html

これまでは全量を20年間、固定した価格で買い取り続け、設備投資には補助金も出されているあたりは今の日本と同じ。最近は中華系企業までもが関東近辺の山林に足を伸ばし、山林や空き地の所有者を探し出して、積極的に買い上げているのですが、電気の買い上げ料金は年を追うごとに確実に安くなっているのです。ドイツの場合は太陽光発電の設備容量は２００５年以降、世界第1位だそうですが、発電電力量に占める割合は電力全体の３・３％に過ぎず、さらに電気料金が高騰。２０００年以降、電気料金は上昇傾向にあり、家庭用は２０００年時点に比べて１・８倍以上も上昇したのです。補助金だって国民の税金から出ますから、国民の負担が大きくなって、不満が高まり補助が出しにくくなるのは当たり前。

脱原発に伴い電気料金が上昇中で、供給も不安定になり、ちょっと停電するだけでも生産ラインが停止して、再稼働までにはかなりのデメリットが発生してしまうので、こんなことが続けば生産拠点をドイツにしている外国資本も敬遠するでしょう。原子力より燃料や燃料輸送などのコストのかかる火力発電を再開すれば、これまた電気料金が加算されますが、さらにドイツでは石炭や褐炭が安く採掘できるため、石炭・褐炭による発電所が続々と建設中とのこと、そしてその費用も上乗せされているのだとか。当然二酸化炭素排出量もガンガン増えます。日本は今この二の舞を演じる準備をしているのではないでしょうか？

まあ、韓国も原子炉を作っていますし、日本が原子力発電の国際市場から撤退すれば、電力供給量低下に伴い日本の総合的国力が落ちて、日本の失速ネタで盛り上がる韓国としては自国の原子炉が売れますし、もう願ったりかなったりで笑いが止まらぬうちに支持率低迷の朴政権も勢力を盛り返すこと間違いなし。それを手伝って、掛け声をかけるだけで官邸前に集まって、ギャラも払わないのに踊ってくれる反原発市民たちは、反原発運動によって資金を得る左翼団体と韓国にとって、とっても大切なお得意様ですね。その戦略を画策している某国の存在がちらちらと見えてきましたのでちょっとお知らせしましょう。

今年夏から官邸前での反原発をあおりたてている市民団体「さようなら原発1000万人アクション」実行委員会

http://sayonara-nukes.org/

……の住所と電話番号が、実は「コリアン情報ウィークリー」

http://www.peace-forum.com/korean/weekly/weekly.htm

（発行：フォーラム平和・人権・環境　編集：李泳采

東京都千代田区神田駿河台3―2―11　総評会館1階）

と同じです。

さらに調べてみますと、

・原水爆禁止日本国民会議
http://www.gensuikin.org/
東京都千代田区神田駿河台3―2―11　総評会館1F

・平和フォーラム
http://www.peace-forum.com/
東京都千代田区神田駿河台3―2―11　連合会館1F

・STOP!!　米軍・安保・自衛隊
http://www.peace-forum.com/mnforce/
連絡先／フォーラム平和・人権・環境
東京都千代田区神田駿河台3―2―11　連合会館（旧総評会館）1階
・日朝国交正常化連絡会
http://www.peace-forum.com/nitcho/
東京都千代田区神田駿河台3―2―11　総評会館1階

何とも真っ赤にこんがり香ばしい団体様が同じ住所に名を連ねるではありませんか。

多数を装うこの団体は、なぜ日本に原発を捨てようとさせるのか?　……見えてきたでしょ?（笑）。

ちなみに、保守派層には原発推進派が多いように感じられますが、私も「チャンネル桜」などの番組で共演する諸先輩方に聞いてみても、原発を超える安全性を備えた効率の良い発電システムがないから原発維持を訴えている、ただそれだけの話なのです。

それならばこの問題は「反原発派の人命第一 vs保守派の経済第一」という対立軸なのか？……というと、これもまたちょっと違う。

福島の原発があのような事態になってしまったのは、原発に津波が押し寄せるという人類史上初めての自然災害が大きな原因であり、しかも地震だけならまだ問題は防げたのです。そして何より、あの原発事故の端緒は天災であっても、**事故の拡大は明らかに人災**。そこにもかつての左翼思想が変質した現代の「世界市民」思想が、大きく影響していたのです。

「放水」といえば「機動隊」？

民主党政権下の3年間で行われた過失行為（犯罪）はあまりにも多く、表面に出て報道された分に限っても、多すぎて私もよく思い出せません（笑）。立件しようにも組織性・隠匿性・国際性があるため、起訴までの道のりが長く、遅々として進まないでしょう。社会問題ジャーナリストである福田博幸氏の『公安情報に学べ！』（日新報道）によると、福島第一原発の放射能漏れが震災当日の3月

11日17時11分に報告された際、米軍はスリーマイル島原発事故での教訓から、大量の冷却材を調達準備し提供の上で上空からの軍用ヘリによる投下散布を申し出ていることが、官邸サイドから確認されていたとのこと。

そのため最短で往復可能な付近の学校校庭の使用を米軍側が要請したところ、当時の首相菅直人氏はその申し出を断ったというのです。

その理由は、菅氏の側近によると、

「学校の校庭から米軍のヘリが離発着する光景は戦争のようであり、そのような光景は私の思考の中にはない」

……だそうな。

もともと爆発した原因は、津波による被害から、温度上昇で内部圧力が増す原子炉のベント開放作業が遅れたからであり、遅れた理由は首相のヘリコプターによる現地視察に際し上空に放射性物質を含んでいるかもしれない水蒸気を噴出させるわけに行かなくなったため。

建屋が爆発したのは誰の責任でしょうか?

大体にして現地を見たからといって菅氏が現場の専門家以上に適切な指示を出せるわけがなく、実際に菅氏のブチ切れっぷりに東電側も現場もパニックに陥り、今その経緯が洗い直されているのです。

ニュースにならなかったもう一つの現場の事例をご紹介しましょう。

建屋爆発の後、米軍による冷却材投下作戦を拒否した菅総理は、原発の自家発電システム故障を知って、放水車による放水での原子炉冷却を下命しました。普通、「放水」といえば消防車です。ところが彼の頭をよぎったのは、自分自身の恐怖の経験からフラッシュバックした**機動隊の放水車だった**のです。その極左脳回路ゆえに、わざわざ東京から警視庁特科車両隊が車列を組んで出動。非常事態の首相下命ですから、警視庁警備課も従わざるを得ません。現場経験を踏んだ彼らの胸中を察するに、なんと馬鹿らしい任務であったことか。

大体にして機動隊の放水車は残念ながら暴徒の「殲滅」ではなく「鎮圧」目的で設計された、型式の古い放水銃を装備していますので、高層ビルの消火に使える現代の消防車に比べて水圧も劣り放水距離も短いのです（そうでなければこの作戦を思いついた彼を若いうちに再起不能にしていたでしょう）。

この的外れな命令系統に振り回された現場の関係者によると、爆発して開いた建屋上方から原子炉冷却に必要な水量を放水するには、かなり接近した上で斜角を上げる必要があったものの、放水銃がそれほど上を向かないので離れなくてはならず、しかし離れると水圧が足りないので、建屋の側面にひっかけるのが精いっぱいだったとのこと。かつてこの対人放水に逃げ惑っていた極左崩れの浅はかな現場知識に、一刻を争う日本が振り回されていたのです。千年に一度の大震災時に千年に一人の欠格者が最高責任者であったことは、万年語り継がれる日本の暗黒史。

あの時の政権が民主党でさえなければ、あれほどの災害とこれほどの風評被害に福島県民が悩まされることはなかったと私は断言いたします。現在も福島県を苦しめているのは放射能の実害ではなく、人災により拡大した風評被害であることを、ここに書き足しておきましょう。

日本に食い込む外国人政治団体

さて、先ほど紹介した反原発団体に、「コリアン情報ウィークリー」なる韓国系の団体名がありましたが、最近在日韓国人の政治活動が活発です。そもそも外国人に政治活動を許して取り締まれないという、国民が形成する日本の国家概念が問題なのですが、竹島がもう完全に占領されていてその状態が継続している今、もうこれを放置したままで日本の発展はない、と私は考えております。なぜなら、日本が国力をのばそうとすれば、これら在日勢力でつながる各団体が「原発反対」「人権の尊重」「ヘイトスピーチ反対」などと声を上げ、まだこれらの問題の真相に気づかない人たちが、わかりやすい偽善に騙されて加担するからです。こうした活動に盛んに顔を出すのは「NPO団体」を名乗る組織ですが、**そもそもNPO団体は政治活動を禁じられているはず**なのです。

NPO法（特定非営利活動促進法）では、

- 政治活動を主な目的としないこと

左派系の社会運動に見え隠れするハングル文字（ネットより）

・特定の公職候補者や政党の推薦や支持、反対を目的としないこと
・特定の政党のために活動を利用しないこと
・特定の個人・法人・団体の利益を目的に事業をしないこと

などが挙げられています。

ところが「原発」「環境」「人権」などの問題に関しては政治問題ではない、という解釈で彼らは活動しているのです。では何が政治活動に該当するのか？

いろいろ調べてみると「日本を共産主義国にすべきだ！」「社会主義国家を目指そう！」などという社会的な主義思想そのものを主張することが「政治活動」に該当するというのが主流の解釈だそうな。しかもこうしたグレーゾーンでの団体活動が影響したのか、これに便乗して、中国勢力までもが堂々と活動を展開しはじめています。

2014年６月20日、沖縄県庁前にて

これらを掲げているのは、日本人でしょうか？ 日本人は相当勉強しなければ上の写真のような中国独自の簡体字を使いこなすことはできませんし、こんな文字で訴えても日本人には読めないことがわかりますから使いません。写真からは中国人反日活動家として彼らなりの一所懸命さがにじみでています。

これらの活動の先鞭をつけ前例を構築した在日朝鮮民族の堂々たる沖縄での活動展開は、拙著『怖ろしすぎる中国に優しすぎる日本人』にて写真入りでご紹介しておりますが、最近では表にまで出てきてやりたい放題の彼らの犯罪や脱法行為が目に余るようになっています。

彼らが狙うのは、日本

自らの国を住めない国にしてしまった中国人たちが、

2014年12月14日の衆議院解散総選挙
に際して、ＪＲ小倉駅前

また日本を貶めることで優位を狙う朝鮮民族が、無防備な日本に特権を設定させ、法整備させ、優位を獲得し不当な利益を得ようとしているこれらの現状を、私たちは放置していていいのでしょうか？

「差別だ！」と言われて思考停止していていいのでしょうか？

「平等な社会に反する！」と言われて、日本人と平等の権利を与えていいのでしょうか？

彼らには彼らが主権を持つ祖国があり、その祖国を嫌って日本に居ついたり、帰国を拒否したりしているのです。

日本の文部科学省所管の「統計数理研究所」が発表した「日本人の国民性調査」の結果によると、「生まれ変わったなら日本か外国か」というアンケートに、83％の日本人が「日本」と答えています。

一方韓国ではあるモバイル世論調査結果によると、

「生まれ変わるなら、大韓民国に生まれたくない」という回答が57％で、「生まれ変わるなら、大韓民国に生まれたい」（43％）よりも多かったとのこと。そのような国にしたのはよくも悪くも自国民。

自国に生まれ変わりたくないという人々や、自国をダメにした人々、自国民を嫌う人々が、自分たちは壊してしまったのに日本に存在する環境を羨み、資源を狙い、優位獲得を目指して、様々な方法で今、あなたの隣に浸透しようとしているのです。

もちろん個人的なおつきあいでは皆いい人たちですよ。私が「中国に行きたい」と言うと、「あなた危ないだから、私の弟にして行けばダイジョウブよ」なんて言ってくれるくらいですから（笑）。

彼らが国政に参加していい国を作ると思いますか？

私たち日本人も喜べるシステム構築に協力すると思いますか？

これまでの経緯を見れば、決してそうはならないと思えるのは私だけではないでしょう。しかし彼らは、この国を自分たちに都合のいい社会にするため、国内の様々な情報や人脈を利用して、彼ら独自の主権を確立し、優位を確立しようと様々な諜報工作活動を展開しているのです。

あなたの隣の工作員

スマホなどのＩＴ端末が普及した今は、国民個々が、10年前の公安捜査官を上回る早さと的確さで、情報の取得・伝達・共有を日常的に行っています。撮影後は現像作業なしで瞬時に仲間に画像を送ることができますし、フィルムが足りなくなるなんてこともありません。仲間との連絡にポケベルを使い公衆電話を探す必要もないどころか、電話番号を確認する必要さえなくボタンひとつで連絡がつき（というか、ボタンという概念がなくなりました）、相手との会話内容を記憶してメモに書き写す必要もなくそのまま音声を記録し添付送信できるのですから、20年前のスパイ映画でさえ滑稽に見えてきます。

10年前にそんな仕事をしていた私の知識など、今活かせるものは半分もないでしょう。

中国の諜報工作もこれら最新の端末機器を使うのは同じですが、彼らは帰属意識が日本人と違います。中国には共産党の情報機関である人民解放軍総参謀部と、国の情報機関である中華人民共和国国家安全部、その他の情報機関があり、工作員も「どちらに、誰に情報を流したほうが出世につながるか」を天秤にかけつつ情報交換をしています。工作員につながる協力者も複数の人脈につながり、その利害を天秤にかけて連絡を取り合い、自分のお願い事や問題解決に結びつけようとします。むしろ、あまり利害を考えず人の役に立つ喜びのために動き、情報流出の危険を自覚していない日本人のほうが、使い勝手がいいかもしれません。

つかみたい情報のお題が明確で、的確な情報をつかむためにそれなりの地位の人間が動くロシアの工作機関と違い、掃除機式にどんな情報も吸い上げる中国の情報網には、実にたくさんの人間が、自覚の有無を問わずつながっています。中国側のこうした活動は掃除機式なだけに多岐にわたり、また末期的なだけに必死で、日本人に自覚がないだけにやりたい放題。私たちの生活に身近なレベルで工作員は潜伏し活動しているのです。

（1）下請け会社実習生

電子機器の製造下請け、孫請け会社の場合、政府と接点がある企業側と違い危機管理意識も薄く、逆に実習生を受け入れれば補助金が出たりもするので、受け入れ採用審査もそれほど厳しくないようです。今や日本の下請け町工場こそが日本の技術を支えていることは世界でも有名な話。実際に宇宙開発技術や軍事転用可能な技術などは町工場などで開発されているものも幾つかあるのですが、そこで働けば、大企業から発注を受けている部品がどのようにして作られ、何に使われているのかを把握できます。そうした職場に国家理念がなければ、反日国家出身の研修・実習生に核心部分を伝えてしまうおそれがあります。

親会社も下請け会社の人事まで把握できず、職場によっては労基法違反並みの労働条件で働かせていたりすることからスポットを当てたくない存在だったりしますので、工作員にとっては仕事はキツイけど危険性の少ない職場といえるでしょう。もちろん最初から工作員として潜入しなくても、そういうところで働く若い従業員と連絡を取れれば、少額でよく働く立派な協力者になります。

そして今、この外国人技能実習生受け入れ枠が、拡大されているのです。

かつて労基法の枠外だった「研修生」という立場が人道無視の奴隷労働状態に近い実態をも生み出していました。

このため入管は後の２年の実習期間を合わせその身分を合計３年の「実習生」としたのですが、それでもその状態の完全把握までは至らず、相変わらず実習生に対する旅券の取り上げという半強制的逃亡防止や、給料の一定額だけを使用可とし残りの金の送金先を派遣元の中国にある送り出し機関（といってもほとんどブローカーだそうで、一般企業からの実習派遣ではないのです）の口座として、脱走した場合は日本企業側から連絡し、これを中国側で封鎖するという非情な手段をとっての非人道的労働形態などが問題とされていました。

こうした受け入れ企業名の実名公表などを盛り込んで罰則を強化した上で、技能実習生の受け入れを増やし技術習得の上帰国させて国際貢献するため「外国人の技能実習の適正な実施及び技能実習生の保護に関する法律」が今年（２０１５年）３月６日に閣議決定されています。

……が、その国際貢献とやらはみなさんもご想像のとおりのこっ恥ずかしいタテマエで、ホンネは少子高齢化と労働力不足に悩む我が国の労働力確保。

他の拙著でも度々お伝えしている「なりすまし」入国への対策は全くなく、「厳しすぎる」といわれている難民認定法も致命的欠陥がありザル状態、というよりザルの網部分がない枠だけの状態。

その上での警戒感なき受け入れ枠拡大ですよ。

当然、産業スパイも、また能動的な工作員もガンガン入ってきますが、その受入れ対象業種も軍事転用可能な技術に直結する業種が多数含まれています。皆さんの税金で運営する国家が、みなさんの生活の利便性を向上させる企業から皆さんの生活を脅かす反日国家へ、軍事転用可能な先端技術を「もってけ泥棒」状態で拡散中。一介の元刑事風情にはもう手が付けられませんよ。

ちなみに受け入れ対象職種は２０１５年４月１日の時点で71職種１３０作業。農業、漁業の他、建設、食品製造、繊維・衣服、機械・金属、などなどです。例えば一見軍事転用されなそうな繊維・衣服なんかだって、火がついても燃えにくい難燃繊維を戦闘服に転用したり（すでにアメリカでも採用されています）、引っ張りに強い繊維で作ったベルトを軍事物資輸送に使う、動力伝達のベルトに転用するなど、いろいろな応用が効くのです。

参考：技能実習2号移行対象職種（ＰＤＦ）

http://www.jitco.or.jp/system/data/TypeofOcupation.pdf

（2）研究機関の研究員

スパイが狙うターゲットとしては当然のごとく先端技術を扱う研究機関が挙げられますが、日本はここでも完全に無防備です。世界的企業にはその組織内に研究機関を持っていることもありますが、そうでない場合は大学などの研究機関に出資することもあります。しかし出資しているとはいえ直轄でないため、ヒューミント（人的諜報工作）対策にまでは、あれこれ注文をつけることが難しい上に、特に大学の研究室などでは大学側が留学生として受け入れることで大学を存続させている側面がありますし、少子高齢化社会の現在、留学生の存在あってこそ存続している大学などでは実際に研究員のほとんどが外国人留学生だったりもします。

当然そんな研究部門には国防意識が殆どないため情報管理が無防備だったり、ひどいところではその情報管理を外国人研究生に任せていたりもします。さらに致命的なのは、研究所責任者が情報漏洩の事実を把握したとしても、スポンサーを失いたくないためその事実を公表しないこと。諜報工作員からすれば、一旦潜り込めば極めて安全な職場であることは間違いなしです。

実際には研究所内のパソコンに、中国の特定のサーバーに情報を自動送信するプログラム入りのUSBを持ち込み感染させ、セットされた日時になると情報が抜き出されたり消去されたりするとのこと。しかも研究所の研究員に国家観がないため、情報を抜き取られても情報が壊れていなければ研究者側に被害意識もなし。おまけに研究者の関心は「抜き取られたその情報が我が国にどんな脅威を及ぼすか」より、「どうやって情報を抜いたのか」という技術的な部分だそうで、がっくりきます。また情報を抜き取った上に元の情報を削除したりもしますが、現にこうした情報流出を認識した研究員が上司に報告したところ、上司や同僚から口止めされて、警察にさえ協力できない状態になり、未だに情報を抜かれ続けているという実例があるのです。

そしてこれが研究学園都市のつくばで現在進行中なのですから頭にきますよ。警察だって、協力者なしには、こうした話の端緒を摑んでも捜査に移行できません。研究機関も協力者を出すということは研究所の首を絞めることにつながりますので、非協力的です。

工作員は、映画「007」のような特別な技術が必要なわけでもないのです。指定されたとおりにUSBを持ち込み、ターゲットとする機関のPCに差し込んで感染させればOK。あとはマルウェアがプログラムに従い情報を自動的に定時に抜き出し、または遠隔地からの閲覧を可能にしますので、これで完了です。

肝心なのは、工作員をターゲットとする組織内にどう潜入させるか。潜入するための身分をどう偽り、どんな人脈で内部に送り込むか。危機意識のない日本人は、人の役に立てれば嬉しく思うので、何も知らずに善意で中国側のお役に立ってしまうことが多々ありますが、逆に中国側の立場で言うなら日本はとても仕事がしやすい漁場なのです。

(3) 中華パブのホステス

彼らがターゲットとする大企業の多くは情報セキュリティの重要性について認識し、怪しい人材を受け付けなくなりましたが、ターゲットの企業近くの中華パブには、家に帰れば肩書を評価されないお父さんだけでなく、接待役の社員が関連企業関係者を引き連れてやってきます。

しかも気分をよくしてくれる中国人ホステスは薄暗い照明で美人に見えるため、聞いてもいないうちから肩書やプロジェクト自慢を始め、散々喋った挙句企業名で領収書を切ったりします（笑）。

ところがこれが男としては笑い事ではないのです。なぜなら中国人ホステスはサービス満点だから。ちらりとフルーツを見ればお口に「あーん」してくれますし、たばこを頼めばママさんが買ってきてホステスが取り出し火をつけて吸い始め、「なんでお前が勝手に吸うの？」と思ったら客の口元にさしてくれるなど、至れり尽くせりなのです。

おまけに客が若いキャバクラ嬢に気を遣った挙句ギャグを滑らせたりする日本の店と違い、中華パブは日本人男性なら誰もが知っていて当たり前の日本語を教えてあげれば十分に盛り上がります。ホステスから見れば、日本人客は間違いのない金ヅル兼ネタ元にして日本語の先生まで兼ねているのです。しかし夜の世界の情報伝達速度は日本同様、いやそれ以上で、加えて予想外の展開を体験することになります。

実は私も北京語を覚えたての若い頃は中華パブに出入りし協力者をつくろうとしたのですが、その時ママさんに渡した名刺が全く面識のない第三者にまで回ることに気づいた時にはすでに手遅れ。中国人社会では、誰が誰とどれくらいのパイプを何本どんな太さでつなげているかがその人の人物評価になるばかりか、そうした人脈を持つ仲間と知り合いであることも人脈自慢となります。つまり「私の知り合いに北京語が話せる刑事と知り合いのママがいるのよ。困ったことがあったら私に相談して」というだけで在日中国人社会では評価が上がり、持ち込まれる相談事がさらなる人脈と商売を生み出すのです。

若かった頃の私は語学ができるだけでそんなことも知らなかったため、ほどなくデスクにまで「ワダシの彼氏タイホされただから、助けるいい？」などと見知らぬ中国人女性から度々電話が来るようになりました。彼女たちは常に有力者とコネを作りたがる傾向がありますが、逆に言うと中国側の有力者とも接点を探していて、諜報工作員ならこうした人脈自慢で情報のターミナルとなる中華パブを狙っていることは言うまでもありません。ホステス自身が工作員ではなくても、工作員がその人脈自慢から得られる情報を重宝しないはずがないからです。

これには辛いおまけの話があります。

私が名刺を渡した中華パブのママさんは、その後マメに暑中見舞いと年賀状を警察署に送ってくるのです。宛先には「池袋警察署　巡査部長　坂東忠信様」と階級まで明記、おまけにたどたどしいひらがなで「坂東さん、あなた最近きてくれないだからわだしさびしよ」との手書きメッセージ入り。

そのハガキが庶務から生安（生活安全課）経由で副署長から署長に回り呼び出された上「坂東、このママさんに寂しい思いをさせてるそうじゃないか」などと、直立不動で副署長の取り調べを受けましたよ（笑）。協力者であれなんであれ、特に公私混同が当たり前の中国人には簡単に名刺を渡してはいけません。中でも機関銃（機関砲？）のような大音量でおしゃべりし続けウワサ話が大好きな上海女性には、特段の注意が必要です。

（４）大学の留学生

中国人留学生は各大学に存在する中国留学生学友会に所属していますが、この組織のリーダーは中国の祝日に開かれる中国公館でのパーティーに呼ばれることも多く、またそれがステイタスでもあるので喜んで参加し、人脈作りの基礎を学びます。公館側はその席上で学内での様子や日本人学生の対中意識などを聞き出し、また初歩的な情報収集課題を与えたりもしながらこのリーダーを取り込んで情報を取得しつつ、協力者として育てます。

同時に法輪功信者や民主活動家など信用できない中国人留学生の洗い出しも行い、さらに協力者同士を監視させるなど、大学内中華情報網を確立し維持しています。実際に私の知り合いの中国人が留学生時代、本国での法輪功学習者との接触を原因に監視対象となり、国費留学生として日本政府から支給されていた月々15万円ほどの奨学金から、10万元（当時のレートで約１６０万円）を、大使館側へ「裏切り防止の保証金として納入せよ」と命じられ、卒業してからも返してもらえないとのこと。

こうした学内の人脈をフルに活用したのが、２００８年に開催された北京オリンピックに伴う長野聖火リレーであり、中国は日本だけでなく世界各地でこの留学生組織の有効性を確認することができたのです。

ちなみに大使館側で学生と連絡をとっているのは、大使館や領事館内に設置されている「教育部」であり、ここには情報機関である人民解放軍総参謀部出身の職員が多数入っているとのこと。中国人被疑者の領事館通報の電話にさえろくに出ない大使館や領事館の主な活動目的は、人脈自慢が大好きな在日中国人や警戒心のない日本人を利用した情報収集なのです。

(5) 通訳

記者という身分はどんなところにでも取材の名目で入って行くことができる上に、政府要人や発言に影響力のある有名人とも接触が可能。しかし、記者に扮する諜報員や情報発信で世論誘導する工作員というのはそれなりに警戒されていることを知っています。

しかし多くの人たちが警戒していないのは、その記者と同行する通訳です。記者よりまず先に情報を入手でき、その情報を伝えるも伝えないも通訳次第、しかも双方の会話が理解できる上に、日本側には両者の架け橋として中間にいるかのように錯覚を与えながら情報を取得、話を進めます。

実際に元共産党の筆坂秀世参議院議員の秘書だったS氏は、民主党の政権奪取後、鳩山由紀夫氏の縁で民主党の樋口俊一衆議院議員（当時）の秘書に収まっていたのですが、複数のルートで確認したところ、彼を取材した中国人記者に同行した通訳の「王行虎」は、中国側が準備した諜報工作員です。

ちなみにこの取材で記者は「赤旗飘扬：日本共产党的过去与现在」（赤旗は翻る：日本共産党の過去と現在）という記事を、中国の「21世紀経済報道」に掲載。そのなかでS氏が「民主党は政権をとったが人員不足」「民主党は日本共産党から出た思想と政策を実践している。しかしまだ共産党が政権をとったわけではない」と語ったことが中国語で報じられています。日本人でさえ知らないこれらの事実はいち早く中国共産党にもたらされていたのです。

その頃、S氏と同じく樋口俊一議員の公設秘書を務めていたT氏は、北京の農業博覧会にサンプル扱いの無検疫で米と健康サプリをねじり込むため、中国大使館一等書記官の李春光と接触。農産物に関係のない健康サプリをねじ込もうとした理由は、樋口議員が「薬のヒグチ」で有名なヒグチ産業株式会社の元社長だからです。

しかし展示用サンプルを無検疫で販売すれば中国側が同じ方法での販売を日本側に要求することから農水省側が大反対、サンプルの無検疫販売を阻止しようとした別勢力が関係者情報から作り上げた怪文書を永田町にばら撒きましたが、その直前に中国大使館の李はその手法や能力に危険を感じた中国政府から呼び戻しを受けて帰国。

これが3年ほど前「中国一等書記官スパイ疑惑」として報じられた事件の裏側です。

S氏に記者の通訳として接近した王行虎は、この李春光の先輩でしたが、情報組織は別系統であるとのこと。

国益より私的な利益を優先する有力者は中国側にとっても扱いやすいため、その周辺には、これを取り込み利用すべく、複数の別ルートから諜報員や工作員がハエのようにたかってくるのです。

話はだいぶそれましたが、通訳が諜報工作員として接近するのは議員や秘書だけではありません。

中国に渡航した日本の企業幹部にとって、通訳は精神的にも空間的にも一番近い立場であり、それが言葉の通じない現地で唯一日本語が通じる女性だったり、さらにそれが気の合う美人だったりすると、警戒心のない日本人男性は交渉の核心を相談したりもしますし、パンツを脱いだりもしていることでしょう。

以上、なんかサラッとかなり危ない話まで書いてしまいましたが（笑）、諜報工作は私たちの生活と背中合わせの身近な世界に存在するのです。

しかも中国人は公私を区別する概念がほとんどない上に、個人的利益を追求して国家の「仕事」を「私事《しごと》」にするし、一般人でも情報収集欲と人脈自慢度が飛び抜けて高い上に好奇心が旺盛ですから、その人物が、諜報工作員なのか、協力者なのか、小遣い稼ぎなのか、はたまたただのバカなのか、そもそもその自覚があるのかどうかなど、見分けが困難なのです。

中国が普通の「限」定的概念を「超」えた「戦」争、いわゆる「超限戦」を仕掛けている現在、私たちはすでに戦場にいます。

ＩＴ関係者の話では、すでにマルウェアによるサイバー攻撃は冷戦どころか矢玉飛び交う戦争状態だそうですが、ＩＴ分野だけでなく、超限戦の前線兵士と見るべきは、ビジネスマンを取り込もうとする外国語教師や、「友好」を示して近づき丸め込む文化団体講師、世論を誘導する言論人や作家、政治家に接触し自国の都合に合わせた提案を吹き込もうとするロビイストなど多岐にわたります。

これに加え、日本には他国にない「世界市民」という名の反日日本人勢力があり、また日本生まれ日本育ちの反日外国勢力も定着し、情報社会にまで確固とした勢力を保持しているなど、問題の根は深く複合的。さらに多角的にこの国の枠組みを壊し、世界初の無国籍市民エリアを作ろうとする試みが同時進行したりもしますが、これに加担するのは「世界市民」派だけではないのです。

奴隷じゃないよ、移民だよ

左翼活動家の長く地道な日本脱力推進活動により、国家と国民の生命力が落ちてきたことを危惧する人々の声が最近高まってきています。若者が貴重な4年間を費やす大学の存在意義を疑う声はなく、貴重な労働力の存在に気づいている人はまだ少数。私が情報開示を申請し文科省から取り寄せた資料によると、これらの大学を含む少子高齢化時代下の「学校法人」は、文科省の管理官クラス以上のOB50％以上の再就職の受け皿となっており、しかもどんどん設立されていますが、実は存続のために多くの外国人留学生を入れており、そのお金は国家が負担、つまり私たちの税金で成り立っているのです。

しかも日本人学生の場合借金して奨学金ローンを組むところ、彼らにはこれが「支給」され、なんと来日帰国の飛行機代まで出しているのですよ。

こうした問題や隠れた国内労働力にスポットを当てることなく、逆にこれを放置して**出てきたのが、外国人労働力の流入歓迎の流れです。**少子高齢化・労働力の減少問題などを、国内からではなく外国から若い力を持ってきて安価で働かせることで一気に解決しようというこの提案、私は短絡的に過ぎる危険な政策と断言いたします。

外国人だって年を取ります。外国人だって生活する場で主権者になりたい。外国人だって自分の生活を変えるより、社会が自分に合わせてくれたほうが楽。外国人だって、低賃金でなんか働きたくない。当たり前じゃないですか。にんげんだもの。

そんな外国人たちが当たり前のことを当たり前に欲する人間であるという視点を持たない非人間的な財界人たちが、彼らをまるで低賃金労働ロボットのように捉えて安易な受け入れを模索している、そんな風にしか私には見えないのですよ。

国家の概念がない役人もそうです。

たとえそれが売国行為や亡国につながる計画でも、実績計上され部署に予算が付く見通しがあればそれでいいと考えているのでしょうか。

でも、かく言う私も、外国人を排斥しようなんて思っていませんよ。「権利」「義務」「自由」「隷属」でしか社会を見ることができず、先祖に対する感謝も、隣人を守る気概もない日本人であふれているよりは、いろいろな肌の色の人が混在していながら一緒に天皇陛下万歳ができて、一緒に君が代を歌えて、一緒に日の丸をみんなのシンボルとして大切にできたほうがいい。人種を超えて、ともに日本人であることを喜び合い、一緒に日本人として世界に貢献する志を共有できる日本人であるほうが、ご先祖様たちも喜ぶのでは？

但し、日本を貶め、日本を奪おうという悪意をもって入国する外国人もいることを忘れてはいけません。こうした招かれざる客、というより招かれざる犯罪者を、大切にすべき同国人や歓迎すべき外国人と一緒くたに混在させてはいけないのです。

「多文化共生」は「他文化強制」

「国際化」とは何でしょうか？　すでに申し上げたとおり、「アメリカ化」や「無国籍化」と勘違いして団塊世代が踏み込んだ「国際化社会」は、今や混沌たる状況が見られます。そうした中で、皆さんには特に隣国中国とのお付き合いを考えていただきたいのです。

２０１３年６月時点の在日永住外国人は１０２万人、非永住外国人は１０３万人です。中でも景気や震災にもめげず着実に人口を増やしているのは中国人で、2000年には在日中国人中15%だった永住者が、2013年には永住・永住者の配偶者・定住者合わせて41%に増加。その上「高度人材ポイント制度」では来日5年で永住が許可され、両親やメイドの帯同が許可されています。評価ポイントは学歴や年収ですから、中共スパイなどは素通りで家族を引き入れるでしょうし、逆に日本社会で重視される協調性などの道徳レベルは問われません。また中国は「留学」の資格分野で6割強、「技能実習」で7割を占めるなど、隣国とはいえ世界人口に比して その受け入れ配分に著しい片寄りが存在します。

「あくまで労働者受け入れであり、移民でない」という意見もありますが、**国連が定義する「移民」とは、すでに申し上げたとおり「出生あるいは市民権のある国の外に12ヶ月以上いる人」ですから、これはまさに労働移民問題なのです。**

そもそも移民推進派の人たちは先のことを考えてはいません。東京オリンピックに向けて建設ラッシュが落ち着くであろう2019年以降、労働力として招く最大グループの中国人が、空気も水も更に汚染され社会的混迷を深めた中国に帰るか？　不法滞在化したら**内乱が発生していても5年できっちり強制送還できるのか？　しちゃっていいの？**　それより呼ばなくたって難民が来るのでは？　何より低賃金労働だなんて、外国人差別でしょ？　外国人で頭数をそろえるだけの少子化問題解決は、私たち日本人の減少を肯定しないか？　来日外国人が政情不安な祖国から親を呼び寄せて定着したら、更なる高齢化につながらないか？

ドイツのメルケル首相は移民政策の失敗を認め「他国は同じ轍を踏むな」と警告しています。

日本を反面教師としつつ、「不況になれば外国人からクビ」「家族の入国は不許可」「妊娠即国外退去しなければ強制送還」「外国人には社会保障も生活保護もなし」という徹底管理の移民政策に踏み切ったシンガポールでさえ、今やビザ発給を渋るほど移民が社会問題化しているのです。

解決策は覚悟から生まれる「気」

日本のニート人口は63万人、人工中絶件数は年間20万件。このニートが働きたくなるような環境と、赤ちゃんを大切に想う社会意識があれば、労働力不足は解決の上でお釣りが来ます。逆に、労働に見合った賃金を示さない企業と、生まれようとする赤ちゃんの19％つまり約5分の1を殺す国民が、低賃金の外国人労働者の上にあぐらをかくなら、日本は外国人抑圧と胎児殺しの加害国として、絶滅するに値します。

解決のカギは、刑法犯検挙率が日本人の4・9倍にのぼる中国中心の移民政策ではありません。

必要なのは、財界人も消費者も仕事に感謝し、喜ばれる幸せを感じて働き、経済を回転させ、自らの才能を活かす、そんな青少年を育てる意識改革教育です。これが成功すると、新しい世代サイクルが生まれます。２０１４年の大学進学率は48・０％、大学生の53％が奨学金ローンを使って入学し、借金を背負って卒業していますが、社会人として正社員デビューできるとは限らずローン持ちのアルバイトになる可能性もあるのです。でも、そこまでして人生をかけるほどの値打ちが今の「大卒ラベル」にあるでしょうか？ そこで例えば、目的もなくラベルを貼るために大学に行くより、「目的を持ち他人に喜ばれる社会人になろう！」という教育がなされ、国内にその意識が広がれば、どういうことになると思いますか？ 本当に大学に価値を見出した若者だけが大学入試を目指すなら、少子高齢化の下で林立している大学は淘汰され、レベルの高い大学だけがその価値を高めて大学本来の姿を回復するでしょう。

この時、社会も学歴偏重から、若い実践力を採用し育てる意識に切り替われば、高卒なら４年、中卒なら７年もその後の経済基盤を作る時期が生まれ、要領が良ければ20歳でベテランの域に達するかもしれません。これにより労働人口が増加し、職場は若返ります。そうなると若者は20代前半にして経済基盤が確立しますので、早婚傾向が出始めます。早婚化が進行すると、女性は子供を産める期間が長くなり少子化が解消に向かいます。

現在女性の初産の平均年齢は30・１歳。これが４年若くなれば今より１人くらいは多く出産できると思いますがいかがでしょうか？ こういう話をすると「女は子供を産む機械ではない」などとトンチンカンにして感情的・条件反射的な反論が飛んできそうですが、少子高齢化を多子長寿社会にするにはこうした話を避けて通ることはできません。早婚・早期出産に伴い世代のサイクルが短くなりますので、40代中盤ころには孫に会え、60代後半でひ孫ができ、もうちょっと頑張れば玄孫が抱けるかも。さらに親は子の大学の学費を自分の老後の資金に回すことができ、負担が減ります。

まず私たち自身が、学歴偏重社会意識から脱することが大切です。

「うちの子だけは人並みに大学くらい……」などという横並び思想を捨てて、真剣に子供に生きる力を付けさせようとする親の覚悟と、ラベルよりレベルを目指す青年の勇気が必要です。もちろん大学の知識が絶対に必要な進むべき道が明確であるならそれを行くべき。

社会人も「大学は高校卒業の直後に入学するもの」ではなく、必要に応じていつでも入学できるものと考えるなら、大学だけでなく日本が大きく変わるかも。そういう意識が根付けば、今ある大学もそれほど閉校に追い込まれないと思いますよ。

そして大学構内でも世代間交流が生まれ、社会的人脈も広がり、卒業時には年長同級生が若年同級生の就職先を世話することができますし、研究においても他業種を経験した年長者の人生経験が思わぬところに活きてくるなどの、これまでにない発展があるかもしれません。

社会が学歴を求めるから行く大学より、自分のために行く大学のほうが楽しいし、有意義でしょ？

ちなみに私は高卒ですが、これまで8冊の本を書き、これが9冊目です。自分の道が明確で、そこに必要なスキルが大学にないなら、それがある道を歩けばいい。そう思っています。

第五章　この国は立派な移民国家

「右翼」「左翼」はもう古い

ここまでご覧いただけたなら、もう「平等」や「人権」という金科玉条の虚言に惑わされることなく、あなたは堂々と言論で日本を守る一翼を担えるはず。新しい概念は常に新しい言葉によって作りだされ、固定概念となり思想の基盤となって、新しい文化を作り続けます。「世界市民」派はそれを知っているからこそ、自治体の公的文書にまで「協働」「参画」などの造語や「子ども」「障がい者」など字ヅラを変えただけの偽善的表現を、2009年の民主党政権交代後から特に頻繁に使用するようになったのです。まあ、ひらがな交じりの表現はどうかわかりませんが、新造語は明らかに新しい概念を定着させ記録に残しますので、新しい戦法であることは間違いありません。

ずいぶん前から「ネトウヨ」という言葉がネット内だけでなく実生活でも聞こえてきます。

元々は「ネット」で「右翼的」言論のある人物を「ネトウヨ」と言ったらしいのですが、まずこの定義がきちんとなされていませんので、ネットを活用する右翼を指すのか、ネットでしか発言できない引きこもりがちな右翼を言うのか、私にもよく分かりません。ただ、ネット利用者のうち保守的言論のある人に対する、侮蔑の意味が込められていることだけは確かなようです。

まあ、私にゃ関係のない話ですけどね。

そんな言葉で相手をなじる人に対し、「ああ、そうだよ、俺はどっちかっていうと右翼だね」なんて開き直る人がいます。私と同じような考えを持つ同志にも、進んで自分を「右翼」と言う人もいます。それはちょっと残念。

え？「坂東、お前は右翼じゃないのか」ですか？

私がど真ん中に決まってんじゃありませんか。

私はこの国をいい国にしたいと考えている他の仲間と一緒に、真ん中に集まっている一人であり、その上に天皇陛下がいらっしゃるのです。

逆に「左」と呼ばれている勢力も左にあるのではありません。

国家概念を基本に皇室を頂点とした富士山型に集まる仲間から離れ、逆に外側にある「世界」に向かい、国家の壁を外側に押し倒そうとしているのです。その中間にはドーナツ状に、政治的無関心層が存在している。私はそんな風に、政治思想の世界を三次元的な構成でイメージしています。

右か左かなどという一次元的イメージでは日本の現状を分析することができない。それが国際化社会です。少なくとも一次元（線）上のどちらにあるかではなく、二次元（面）のどこにいるのか、できれば三次元（立体）的に把握することがイメージ作りに欠かせないと私は思います。

まあ、外側に走り寄って壁を倒そうとしているみなさんが、壁の外側を本当に知っているかどうかは見ものですが、見た時が終わりの時でしょう。

珈琲だってカップの中にあるからこそ価値があるんです。

カップが割れて外側に漏れ広がったら、一杯３０００円の珈琲でもテーブルを汚すただの汚い液体にすぎません。このカップを、力でかち割ろうとする者、落として割ろうとする者が、手段を尽くしてあなたの隣に暗躍しているのです。

「難民認定」システムの抜け穴

「日本は難民申請が厳しすぎる」

これはよく聞くお話で、もっと国際化に向けて門戸を開けろなどと言われることがあるようです。

が、これは門戸こじ開けの常套手段か、その実態を全く知らず統計しか見ていない数字評論家の無知によるもの。確かに、平成26（２０１４）年中の難民認定申請者５０００人（前年比＋１７４０人（約53％））のうち、合格者はたったの11人。

でもおかしくありませんか？

そんなに厳しいのになんで年々申請者は増加しているのでしょうか？

国民が疑問を持たなければ、国民自ら考えなければ、この国は滅びます。

まず、合格者は11人ですが、このうち5人は異議申立て（再申請）の結果認められた合格者です。難民申請がなされた場合、入管は門前払いなどせず審査を開始しますが、この審査は申請者の滞在許可を願う理由としての申請内容に偽りがないか、実態はどうなっているのかなどを調べるため、平均して半年ほどの期間が必要です。しかしいつまでも経済的に不安定な状態でほったらかしにしておくわけには行かないので、申請6カ月後から就労が可能となるのです。

すでにこの就労目的で難民申請を出して逮捕されたケースが報道されていますが、問題はそれだけではありません。初回の申請の末に難民認定却下となり、異議の申立てをした者が２５３３人（前年比＋１２５人（約５％））で、昭和57（１９７２）年以降最多となっているのです。実はこれには、**申請を繰り返しているうちは何度申請しても滞在が認められる**というとんでもない抜け穴があるからで、合格者11人だけでなくこの２５３３人も日本に滞在していて、２度め３度めの申請者は普通にそこら辺で働いているのですよ。さらに、難民認定には落ちたものの、人道的に（またこの言葉が出てまいりましたよ）保護すべきとされた者が１１０人存在し、この人たちは「特別在留許可」を得ています。

「特別在留許可」を得た場合、入管側は彼らの滞在を前提にどの資格でどのくらいの期間の滞在を認めるのが妥当なのかを検討し、滞在を許可します。

つまり、認定合格者11人＋異議の申立てをした者２５３３人＋特別在留許可者１１０人が日本滞在

難民認定申請者数の推移

	平成17年	18年	19年	20年	21年	22年	23年	24年	25年	26年
申請数(人)	384	954	816	1,599	1,388	1,202	1,867	2,545	3,260	5,000

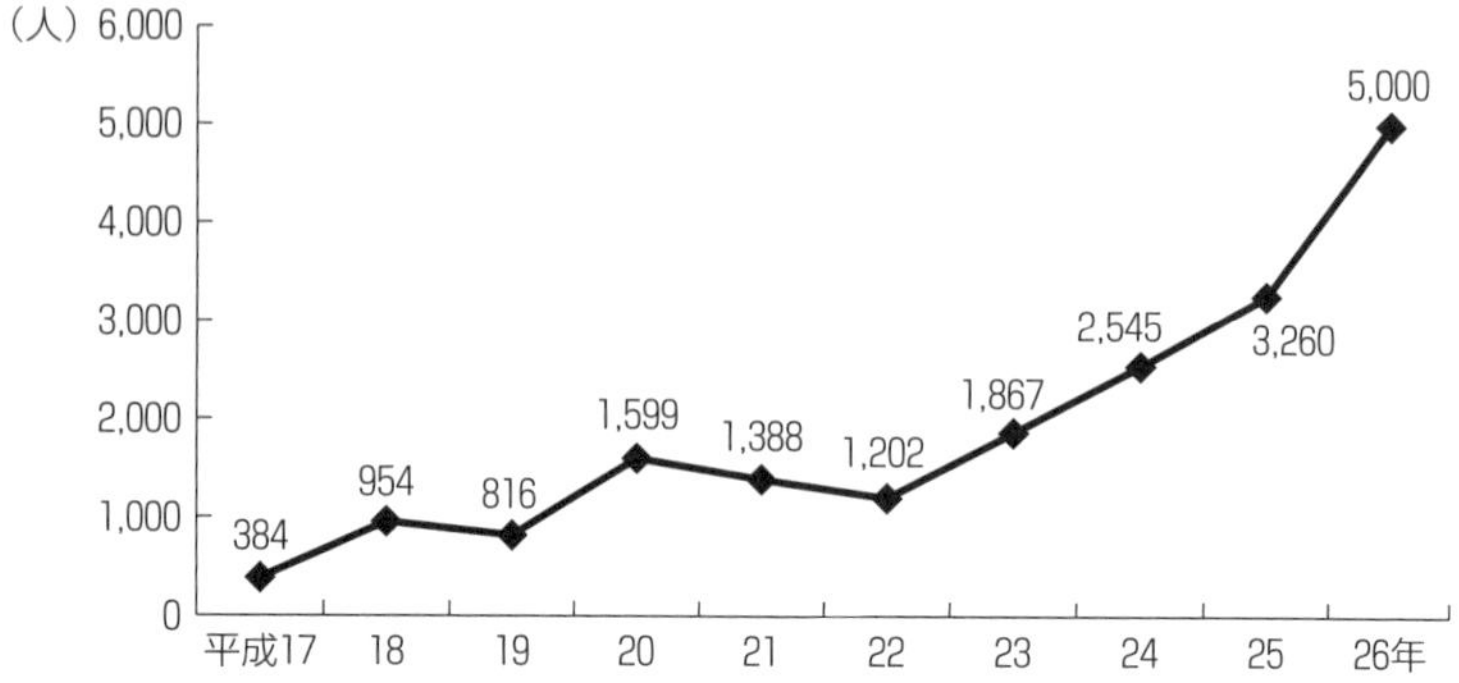

資料：法務省

を許可されているのです。

実はこの話、私はずいぶん前から知っていました。しかし口を閉ざしていたのは、こんな抜け穴を指摘すればそれが滞在のウラ技指南になってしまうことを恐れていたからです。しかしもう、そんなことをいっている場合ではなくなってきたから、こうして皆さんにお知らせしているのですよ。

御覧ください。そんな場合ではないことが一目瞭然でしょ？

申請すれば国籍に拘わらず、たとえアメリカ人であっても審査が開始されます。

だから申請件数も異議申立て（再申請）件数もうなぎのぼり状態。おそらくすでに口コミになっているものと思われます。

みなさん、この先に何を考えますか？　そう、世界各地からの国民・民族参加による２０２０年の東京オ

異議申立数の推移

	平成17年	18年	19年	20年	21年	22年	23年	24年	25年	26年
異議申立数(人)	183	340	362	429	1,156	859	1,719	1,738	2,408	2,533

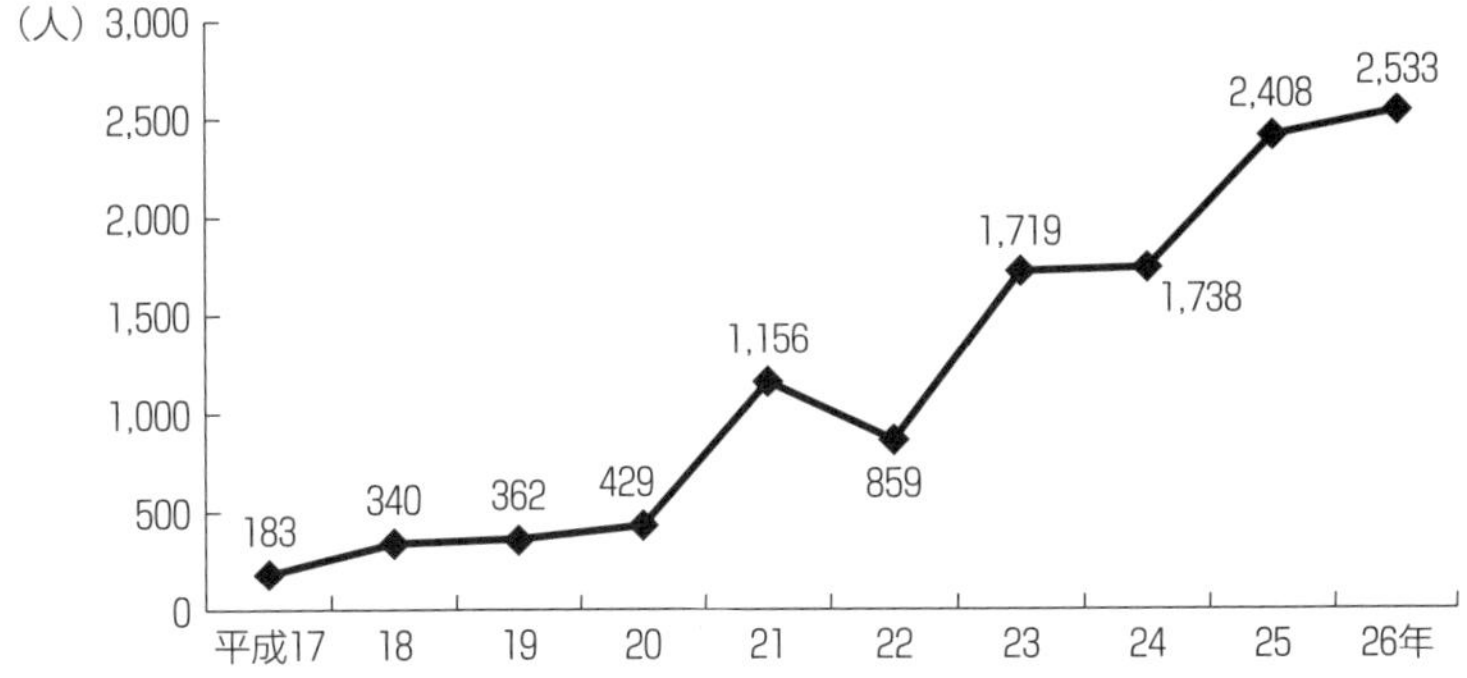

資料：法務省

リンピックで多数の外国人が来日することは当たり前ですが、そのまま居座った不法滞在者が難民申請をしたらどうなるのか？

さらに、「なりすまし」入国者は中国人だけの専売特許ではなく、すでに世界各地から来日し、我が日本国内に普通に生活しているのです。

中国からの「なりすまし」入国

「なりすまし」とは、他人の身分証明書類を使い政府機関に旅券を申請し、自分の写真と他人の身分が記載された真正旅券を入手して来日する手段や人を指します。この方法は、来日に際し使用する旅券が真正であるため、これを職務質問した警察官であっても絶対に見抜くことはできません。なぜなら手段は不正ですが審査をパスした合法入国だからです。つまり他人にな

国籍別難民認定申請者数の推移

（人）

	平成24年		平成25年		平成26年	
1	トルコ	423	トルコ	658	ネパール	1,293
2	ミャンマー	368	ネパール	544	トルコ	845
3	ネパール	320	ミャンマー	380	スリランカ	485
4	パキスタン	298	スリランカ	345	ミャンマー	434
5	スリランカ	255	パキスタン	241	ベトナム	294
6	バングラデシュ	169	バングラデシュ	190	バングラデシュ	284
7	インド	125	インド	165	インド	225
8	ナイジェリア	118	ガーナ	114	パキスタン	212
9	ガーナ	104	カメルーン	99	タイ	136
10	カメルーン	58	ナイジェリア	68	ナイジェリア	86
11	イラン	46	フィリピン	59	フィリピン	82
12	中国	32	イラン	51	ガーナ	70
13	シリア	26	中国	34	カメルーン	70
14	ウガンダ	24	ウガンダ	31	イラン	68
15	エチオピア	21	ベトナム	30	中国	55
—	その他	158	その他	251	その他	361
総数		2,545		3,260		5,000

資料：法務省

りすまし入国するから「なりすまし」。

これを水際で抑え入国を阻止する方法はあるのでしょうか？

……と、当時衆議院議員だった中山成彬先生を始めとする次世代の党の「外国人問題対策プロジェクトチーム」の先生方と一緒に、警察庁・法務省の官僚の皆さんに聞いてみたところ、

「あるわけ無いでしょ。はっはっはっは……」

と笑われましたよ。

笑ってる場合じゃないんですよ。

でも、打つ手が無いのは当た

り前だし、そんなこともわからないのか？　という感じでしたが、仕方ありません。私も思いつかないのですから。

「なりすまし」の実態把握が困難な理由

まず、なりすましは逮捕ができません。なぜなら所持している旅券が真正であり、この旅券以外に旅券所持者の身分を証明する資料がないからです。

また、なりすましがどれくらい存在するのかも把握できません。

私が警視庁にいた２００３年ころまでは、留置場は中国人密航者と不法滞在者で定員オーバー、仕方ないから空いている警察署の留置場に留め置いて取り調べをしていましたが、護送車の運転手、留置係員、刑事、さらに被疑者が女性だと女性警察官が同乗しての送り迎えが必要となるなど、警察は通常の業務が停止寸前でした。そこで警察を中心とした事件処理手続きの簡素化が図られ、入管法65条が適応されたのです。つまり、不法滞在者の場合、他に余罪がなければ警察から入管に直送し強制送還ができるとする手続きを定めた条文の活用です。これにより、不法滞在者の事件処理は格段に効率化されましたが、警察官って楽になったからって休むような頭を持っていないので、これまで逮捕できなかった不法滞在者もガンガン逮捕してやろうとばかりに張り切りだした結果、２００５年くらいまでは石原都知事の東京浄化作戦の影響もあり、東京都内での中国人人口がかなり減ったのです。

ところがこれと入れ替わるように増えたのが「なりすまし」でした。なりすましが逮捕されるのは、よくも悪くも所持している旅券が真正旅券で滞在期限があるからで、不法滞在者として逮捕されて後、本人の供述の食い違いや入国歴がないことなどから初めて「なりすまし」であることが発覚するのです。しかし、「なりすまし」も普通のオーバーステイも不法滞在には違いがなく、その事件処理方法も同じで、なりすましの経緯など聞く必要もない上、そんなことまでやっていたらまた仕事が滞って、私の上司みたいにノイローゼになってしまう。

故に、統計が取れないのです。

しかしながら、私が警察学校で講師として後輩の通訳捜査官に対する講義の際、なりすまし取り扱いの経験の有無を尋ねたところ、授業に参加していた各都道府県出身の後輩たち全員が手をあげていましたよ。つまり、なりすましはすでに日本全国どこにでもいて、まだ若い警察官でさえ取り扱い経験があるほどに蔓延していながら、ニュース性にも乏しいため報道もされず、一般に認知されていないだけなのです。

だから皆さんも最近は「コンテナで密航してきた」なんてニュースを聞かないでしょ？

もう日本は密航する必要さえないほどザルな国なのですよ。

そして、難民も来ます

　この「なりすまし」は、かなり古くから存在しましたが、私が警察官になった頃にはまだ「ハイノリ」と言われ、スパイや工作員が日本人になりすまして入国するための手段だったのです。１９８７年の大韓航空機爆破事件で「蜂谷真由美」名義の日本旅券を所持して日本人に「なりすまし」ていた金賢姫などは有名ですが、他にもこうした事例はたくさんあり、結婚して旦那が死んだけど戸籍を取り消しに行ったらとっくの昔に死んでいた人だったなど、本人が誰なのか全く不明な人物も存在するのです。それが今「なりすまし」と呼ばれ各国の旅券で入国している状態。

　いかに今日本が危険で無防備な状態にあるかお分かりでしょう。

　今後予想される「なりすまし」来日外国人の種類としては、

- 諜報工作員・テロリスト
- 入国できないはずの犯罪者
- 正規資格申請で来日する労働目的者
- 生活保護受給を目的とする外国人

などという、すでにいるような種類だけでなく、

・国民健康保険証の受領・治療を裏目的とした団体様
・滞在者を頼って来日する貧困層外国人の父母
が予想され、当然これらの増加は国民の負担を増やします。
さらに、
・治安悪化・内乱・少数民族蜂起・軍区対立による戦争難民
・法輪功、カトリックなどの宗教難民
・経済難民
・体制派or反体制派からの政治難民
・自衛目的で武器を携行した武装難民
・どさくさ紛れに日本で一旗揚げようとする偽装難民
が押し寄せることは目に見えていますし、今後は、
・大気・水質汚染による「環境」難民
という新しい種類の難民が押し寄せるであろうことは、すでにお話ししたお隣の国・中国の現状から予測がつきます。

さらにお困りの国・韓国からも多数の経済難民が対馬や本土側にやってくる可能性も考えなくてはいけませんし、彼らの被害民族としてのアイデンティティに火がつけば何が賠償請求に結びつくか予

想もできません。

もう少しダメ押しで皆さんに疑問を呈しますが、安易な「人道的」難民受け入れから発生する問題としてどんなものが考えられるでしょうか？

内乱による難民や政治難民を受け入れ保護した場合、新政府や第三国との外交関係が悪化することが考えられます。そしてこれらを「人道的に」受け入れたことにより日本国民に対して「非人道的」経済負担が増加することも目に見えています。

また、そんな数の難民が収容キャンプに収まるはずがなく、一時的に滞在を許可する形になって市中にあふれれば、民間レベルで発生する文化摩擦・道徳格差、さらにこれを奇貨とする人権派団体の人道的人権商売が盛んになり、同時に日本人の概念にない新犯罪による治安の悪化が加速します。

おまけに、日本人社会ではありえなかった「日本人vs外国人」「外国人vs外国人」という構造の宗教対立、国籍対立、民族対立が始まる可能性もあるのです。

２０２０年は、たくさんの外国人のお客様や怪しい外国人が街にあふれる東京オリンピック。その翌年２０２１年は、中国共産党設立１００周年。この年に向けて中国は盛大なお祝いの添え物に、尖閣諸島を取りに来る可能性がありますが、その前に国防動員法が発令されることも視野に入れておくべき。その対策を練るべき時に、対策のない日本に、私達は生きているのですよ。

キーの文字が剝げるほど叩いたキーボード

今日という日は大切な日なんです。

今日やらなければ手遅れになることだってたくさんあるんです。

だから私はキーボードが火を噴く勢いでこの原稿を打ちまくっているんです。

御覧ください。使用して2年ほどですが、もうキーの文字が剝げた上に穴が開きましたよ。残された時間は少ないのです。

国籍別難民認定申請者数の「その他」の国とは？

そろそろ日本の先行きが真っ暗になってきたでしょ？

普通こういう本は終盤で少し希望のある話をするのですが、もう一つ、トドメを刺すような現状をお知らせしましょう。先ほど皆さんにお見せした、国籍別

51	ガーナ	70
34	カメルーン	70
31	イラン	68
30	中国	55
251	その他	361
3,260		5,000

難民認定申請者数の推移の図、もう一度よく見てみてください。

実は昨年までの「国籍別難民認定申請者数の推移」は上位10カ国までしか公表されず、私は「その他」に最多人口の中国が入っているのではないかと心配していたのです。法務省に「その他」の内訳を聞いても「人数の少ない国の申請者の場合、国籍の公表だけで個人を特定されるおそれがあるため公表できない」とのことでしたが、今年は申請件数の激増に伴い上位15カ国が公表されたのです。

そしてその中に、人類最多人口を誇る中国がランクイン、というか少なくとも２０１１年から申請件数を増やしていたことが判明。しかも２０１４年はその前年の１・６倍。再申請件数ではまだ15位以内にランクインしていないものの、このままでは口コミになってトップに立つのに５年はかからないでしょう。

この実態を公表拡散した私は模倣犯を生み出した売国奴になるかもしれません。

しかし黙っているのはもっと悪い結果をもたらすかもしれない。

模倣犯を生み出しかねないこの本の出版は、ギリギリの究極の選択の中で実現しました。

この国の国民が、日本の政治家が、官僚が、本当に国民のために活動するなら、問題が実体化するより早く、各自の立ち位置で、各自の得意技を活かし、各自の為すべきことを為し、各自が日本人として団結し、この国を守れると私は信じているからこそ、そしてすでに事態はここまで深刻化しているからこそ、私は保守活動家としての評価を賭けて、この本を書いたのです。もちろんご縁のある議員の先生方には連絡済み。仲間も増えております。でも、ここまで現状や最悪の可能性をご説明しただけで終わっては、ちょっと無責任。

現状の問題点をあげつらい文句を言うだけでは、**どこかの野党みたいで穴があったら埋めてやりたいくらいかっこ悪い**ので、一つだけ希望をつなぐ具体的なご提案をいたしましょう。

水際で阻止せよ!

「人権」という名のわがまま、「自由」という名の混沌、「平等」という名の不公平を許していられる時代はもう終わりにすべきです。……というか、終わらせないと時代どころか日本が終わります。私達は、常に更新され続ける国際化社会に対応するため、先例を参考に、かつ先例にとらわれることなく、先例にない新しい概念で新しい言葉を作り、新しい法を制定すべきだと、私は思うのです。

すでに従来の日本人の思考回路では、現状の問題に対応していないのはこの本をご覧になってショックを受けた皆様方にもよくお分かりでしょう。

だからこそ、国別の枠でまず入国を規制し、主権者たる日本国民と優良外国人を保護する、新しい国際化社会に対応した法が必要なのです。

仮称：国民と優良外国人保護のための入国制限法

1　「国家防犯」のための入国制限

前年中における警察庁その他政府機関が発表する統計に基づき、以下の各項目における上位3カ国からの入国は、制限する。

（1）犯罪検挙率　（2）犯罪検挙数　（3）犯罪検挙人口

2　「国家防衛」のための入国制限

過去10年間以内に以下の各項目のいずれかに該当する国からの入国は、制限する。

（1）日本に到達可能なミサイルでの攻撃を示唆している

（2）根拠なき反日教育や反日プロパガンダを国内もしくは国外に行っている

（3）我が国に対し明確な武力を示して領土、領空、領海を侵犯している

3　「国家防災」のための入国制限

ダム、発電所、その他国民や環境に重大な災害を及ぼす恐れのある施設や地形を破壊し、または人や家畜の生命および動植物生態系を損なうと疑うに足りる相当な理由がある国からの入国は、制限する。

中国は「限」定的概念を「超」えた「戦」争、いわゆる「超限戦」を提唱し、私達が国際交流と思っている各分野において交流ではなく戦いを仕掛け優位を占めることを第一としています。

韓国・北朝鮮の在日朝鮮民族人脈は、すでに日本のマスコミを中国より先にほぼ手中にし、いまや日本人のためのメディアとは思えない放送内容に堕していることは、ネットの相互通行性を活かして情報を吟味するネットユーザーには常識となっています。

しかし中国ではこのネットの世界さえ押さえこみ、たとえ民族虐殺が起きたとしても全く知るに至る機会さえないことが多いのです。そんな時代における「国防」とは、単に「国家防衛」の略ではなく、「国家防犯」「国家防衛」「国家防災」の3つを総称して「国防」とする新しい概念が必要。

日本がすべきことは、世界のどこの国でもいまだ解決できずにとらわれている「差別問題」「平等社会」「機会均等」などの洗脳を解いて、「正しい差別」「公正社会」「機会公平」の概念で作る新しい社会を確立すること。

そして国内においては法による秩序維持に片寄ることなく、国民の道徳律による治安維持によって道義立国を目指し、その成功例を世界に示すこと。

特に、今や世界共通の問題となり失敗例が多発している「チャイナ・リスク」「移民」対策の、「平等」ではなく「公正」な実施で、成功の実例を世界に示すことが、現代社会におけるなによりの世界貢献ではないかと思うのです。

ともに日本を守り、盛り上げて参りましょう。

終わりに　～若き交番勤務員の幸せ

私が制服警察官時代、池袋署の私の担当区域内に、引きこもりのおばあちゃんがいました。初めての巡回連絡で彼女の家を訪れた時、彼女は一日中部屋に引きこもっていて、息子さんが録画した時代劇やテレビを見続けて一日を過ごしていました。

「息子はもう中年になるのに独身で遊んでばかりでねぇ、仕事もすぐにやめるしね。夫は亡くなって、楽しみはこれだけなのよ」

といって、リモコンのスイッチを入れたら、テレビ画面に「水戸黄門」。息子さんが録画して、ビデオテープをおいていくのだそうで、これを見て一日を過ごすことが唯一の楽しみだそうな。

で、その後、彼女は月に1～2度、私の交番に電話をかけて来るのです。

「泥棒に入られた、見に来てくれ」と、しかもご指名で来るので、もちろん私が臨場します。

「おばあちゃん、大丈夫だった？　泥棒と出くわさなくてよかったよ」

なんてほっとしながらアパートの内外を調べてみても、まったく泥棒に入られた形跡はなし。

「まあまあ、まずは座ってお茶でも飲んでよ」

といわれ、なぜか準備されていたように、お寿司が出てくるんです（笑）。

「息子が早くに結婚していれば、孫は坂東さんくらいだったかもねえ」

と切り出しながら、泥棒の話はまったくしないおばあちゃんの昔話を、私は何度も臨場しては聞いていました。


人間って、楽しくないと死んじゃうんです。楽しくないとあくびが出て、眠くなる。ごろごろばかりしていると鬱になる。だから私、おばあちゃんに提案したんですよ。独身の息子さんと旅行に行ってみてはどうかってね。

一日中座ってビデオ見っぱなしじゃ、血行が悪くなるでしょ？

私、このおばあちゃんからの何度目かの被害通報で臨場した時に、温泉ガイドマップを持っていきました。


それからしばらくしたある日、私が交番勤務を終えて私服に着替え帰宅途中、電車で座った座席の向かい側に、小ぎれいなおばあちゃんが座っていました。最初は、お化粧をしていたから気がつかなかったんですけど、それがその引きこもりのおばあちゃんだったんです。私は私服だったものですから、すぐ目の前に向かい合う「孫のよう」な私にも、おばあちゃんはまったく気がつかない。声をかけようと思ったら、おばあちゃんが隣の中年男性に話しかけました。この男性が「遊んでばかり」というその息子さんでした。私は勝手に、息子はリーゼントでアロハシャツに金のネックレスが似合う遊び人（まさに偏見（笑））とイメージしてましたが、見ればちょっとさえなそうな、でも誠実そうな中年男性でした。

小さな旅行リュックを抱えてニコニコとお話を続ける二人を見ていて、私は声をかけるのをやめましたよ。ずっと見続けていたいほど、幸せそう。そして「孫のようだ」といわれた私が、私であることに気づいてもらえなくても、それでもなんかすごくほんわかして、私が幸せだったんです。

あの時、思ったんです。こういう幸せを、大切にしたい。警視庁から途中で兵隊に行って靖国神社に直行しちゃった俺のじいちゃんも、こういうのがよくてサツカンやってたのかな。

……ってね。

あれから、私は警視庁本部の通訳センターに異動し通訳捜査官になり、その後おばあちゃんの家には行っていません。

私が警察官をやめて11年、池袋署にいたのは20年近く前の話。

今はすっかり景色も変わってどこの国の街だかわからないような池袋の、どこにおばあちゃんの家があったたか、思い出すのも難しいのですが、まだお元気でしょうか？

まあ、ただそれだけのお話なんですけどね。そんな幸せがいっぱい感じられる日本であってほしいんです。いや、「あってほしい」だなんて他人ごとではなく、そういう国にしたいんですよ、私は。

同じ想いでつながる仲間が増えたら、とても嬉しいです。

本著が皆様と日本と新しい仲間をつなぐきっかけになれば、幸いです。

平成27年6月吉日
坂東忠信

著者プロフィール

坂東 忠信（ばんどう ただのぶ）

警視庁巡査を拝命後、北京語通訳捜査官として中国人犯罪の捜査活動に多く従事。退職後は防犯講師、地方県警部外司法通訳を経て、作家として執筆を開始。また保守論壇に加わっての講演活動を展開し、わかりやすく伝えることを信条に、テレビ・ラジオなどにも出演して、日本の危機と中国の脅威、中国人犯罪の実態を訴える活動を展開中。著書に『怖ろしすぎる中国に優しすぎる日本人』（徳間書店）等、多数。

中韓に食い物にされるニッポン 在日特権、偽装難民を許すな！

2015年 8 月15日　初版第 1 刷発行

著　者　坂東 忠信
発行者　瓜谷 綱延
発行所　株式会社文芸社
〒160-0022 東京都新宿区新宿1－10－1
電話 03-5369-3060（編集）
03-5369-2299（販売）

印刷所　図書印刷株式会社

ISBN978-4-286-16838-8